心を変えれば、世界が変わる

世の中の「7つの原則」とは
～心と現実は繋がっている

鴨頭嘉人

Change your mind,
change the world.

鴨ブックス

はじめに

「原理原則」とは、「いつ誰がどこで行っても同じ答えになる」ということ。

誰一人として漏れがなく、結果は必ず、そうなるのです。

手に持っているものを離したら……、下に落ちますよね。

川の水は上流から下流に流れます。

「原理原則」から外れようとすると無理が生じます。

そして、地球上の生き物の中で、人間だけが、この原理原則に沿って生きていないんです。

例えば、雪が降ると、

「なんだよ。なんでこんな大事な日に雪なんだよ。電車は遅れるし……ちゃんと運行してくれよ。あぁ……なんで道がこんなに渋滞してるんだよ！」

と、大騒ぎするのが人間です。

人間だけが、自分の手ではどうしようもない、大自然にさえ歯向かおうとします。そして、心を曇らせてイライラしてしまう……。

ここから生じる感情が、「不幸感」です。

「不幸」は、人間界のみに存在します。人間だけが持つワガママな心が、不幸を生み出しています。不幸とは、人間によってつくり出された人工的なモノとさえ言えます。

はじめに

僕は11年前、マクドナルドを退職し、講演家として独立しました。

「社会変革のリーダーになる！」

「世の中を承認の世界に変える！」

「サービス業で働く全ての人が笑顔で輝く社会をつくる！」


一人で意気揚々と走り出したものの……、当時は仕事ゼロ、仕事仲間ゼロ、お金はどんどん減っていくばかり。


毎日やることがありませんでした。

でも、家庭はありました。カミさんはいたし、子どもも2人いました。

上の子は小学校に入ったばかりで、下の子は保育園。

家族に心配をかけるのが怖くて、「仕事がない」って言えませんでした……。

だから、僕は毎朝、仕事もないのに家を出て、池袋にある自習室にこもり朝から晩までブログを書いていました。

その間も変わらず、自信満々ではありましたが（笑）。不安がなかったか、と言ったらうそになります。

そんなときに出会ったのが、先の話、世の中の「原理原則」です。

レシピ本に書かれたとおりに調理すれば、いつ、どこで、誰がつくっても必ずおいしい料理が完成します。料理以外の分野でも、ビジネスでの成功法則や人生を輝かせるための原理原則を書いた本など、世の中にはさまざまな〝レシピ本〟があります。

でも、うまくいく人はごくわずかです。

レシピ本があるにもかかわらず、おいしい料理をつくれる人がほとんどいないのです。それには理由があります。

「そのとおりにつくらないから」。

「本にはこう書いてあるけど……我が家はこんな味付けだから」

と、原理原則から外れ、自己流を貫いてしまいます。

「うちの子どもたちは濃い味付けが好きだから……ちょっと足しちゃおう」

「時間がないから、多少、手を抜いてもいいか」

レシピ本に書かれた原理原則から足したり引いたりしてしまう。だからおいしい料理がつくれないんです。

原理原則を知り、何も足さず、何も引かずにそのとおりにやれば、必ずうまくいきます。

僕は独立してから11年間、原理原則どおりに行動し続けました。

花が咲くまで時間はかかりましたが、思ったとおり、いや思った以上の成果を上げることができています。

僕が従ってきた世の中の原理原則は7つあります。

その全てを、一つひとつ本書でご紹介します。

学歴や知識、経験は一切必要ありません。

年齢も社会的地位も関係ありません。

理屈がわからなくてもＯＫです。

大切なことは、原理原則を知ること。
そして、何も足さず、何も引かずにそのとおりに実践すること。

今よりもっと幸せになりたい！
今よりもっと成功したい！
そう思うのであれば、行動を変えましょう。
原理原則に従って行動しましょう。

人生における幸せのレシピを、本書を通じてお伝えします。

目次

原則2 与える人は、与えられる人
～先に与える人になろう

原則3 どんな出来事も明るく受け止める
～自分の世界は自分にしかつくれない！

原則4 明るく、仲良く、喜んで働く
～成功者に共通する「美しい生き方」を体現する

原則5 相手は自分の映し鏡
～相手を変えるな！ 自分を磨け！

原則6 軸をブラさず、柔軟に変化する
～変えるものと変えないものを見極める

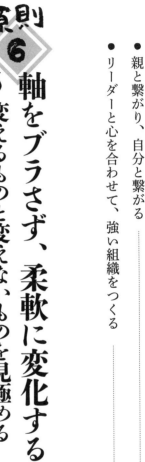

原則7 環境に感謝する
～環境を変えることで人生を創造する

原則1

「心」が先で、「現実」が後

〜 心と現実は繋がっている

世の中の全ての物事は、
見えない世界で繋がっています。
現実世界で起こっている現象は、
全て自分の心の映し鏡であり、
自分の心を変えることで、
そのとおりに現実は変わります。

あなたの身に起こった出来事は、あなたの心の状態と一致している

見えない世界と、見えている世界。世の中にはこの二つが存在します。
そして、この二つは完璧に繋がっているのです。

見えない世界とは、「心」です。
「心」って、目で見ることはできませんよね。でも、確実に存在しています。
目には見えないけれども存在している「心」は、見えている世界と繋がっています。

大好きな人と久しぶりに会ったとしましょう。

嬉しくなって心がワクワクして、自然と笑顔になります。昔話に花が咲き、声のトーンも上がります。

見えない世界の「心」はプラスになり、見えている世界の「表情」や「声」や「行動」もプラスになっていきます。

「心」がプラスなのに、「表情」や「声」がマイナスになることはあるでしょうか。「心」がマイナスなのに、「表情」や「声」がプラスになることはあるでしょうか。とても不自然なことですよね。

この不自然なことが実際に起こってしまった状態を、私たちは心の病と呼んでいます。

見えている世界とは、「現実」のことです。

会社の売り上げや個人の収入、人間関係や健康状態もそうです。


「心」と「現実」は完全に繋がっています。

ところが、現代社会に生きている私たちは、「心」と「現実」が繋がっていることを忘れてしまっています。


例えば、売り上げがイマイチ伸びていないときに、経営者の多くが、社員を前にしてこんなことを口走ってしまうのです。

「おい！　何やってんだ！　なんで売上目標を達成していないんだ！

お前ら、ちゃんとやってるのか？　売り上げがなかったら、会社潰れんだぞ！」


このときの社員の「心」はプラスになるでしょうか。

こんなことを言われたら、誰もがマイナスの気分になりますよね。

すると、「心」と完璧に繋がっている「現実」、つまり「売り上げ」までもがマイナスになってしまうんです。

一方、見えない世界と見えている世界の繋がりを理解している経営者は、社員にこう言います。

「何か困っていることはないか？」

「なんでも手伝うぞ。遠慮せずにどんどん相談してくれ」

こう言われた社員の「心」はプラスになりますよね。

すると、「心」と完璧に繋がっている「売り上げ」も一緒にプラスになるんです。

見えない世界と見えている世界は完璧に繋がっている。このことを忘れさえしなければ、「原理原則」は何も難しいことではありません。

売り上げが上がるから
ワクワクするんじゃない。
ワクワクしているから
売り上げが上がるんだ

大切なことは「順番を間違えてはいけない」ということです。
「心」が良い状態であれば、「現実」は良い状態になります。
「心」が悪い状態であれば、「現実」は悪い状態になります。つまり、
「心」が先で、「現実」が後。

これが原理原則です。

疑問を持つ人がいるかもしれません。
「売り上げ」が上がるからやる気が漲《みなぎ》って、「心」の状態が良くなる。
「売り上げ」が全然上がらないから落ち込んでしまって、「心」の状態が悪くなる。
「人間関係」が良いから明るい気持ちになって、「心」の状態が良くなる。
「人間関係」が良くないから暗い気持ちになって、「心」の状態が悪くなる。
「現実」が先で、「心」が後ではないか？

最初は僕も、そう思っていました。

原則1　「心」が先で、「現実」が後
～ 心と現実は繋がっている

「稼げるようになろう！　大成功してみせる！」

マクドナルドを卒業して独立したばかりのころ、さまざまな知識を得て大成功を収めようと、僕はたくさんの高額セミナーを受講しました。


でも、まったく変わりませんでした。


「現実」が先で、「心」が後。

それが間違いだったからです。見えている世界に心がとらわれていたんです。

僕は「木」でいうところの「実」の部分ばかりを追いかけていました。

売り上げとか利益とか、地位とか名誉とか。モノなら家や車です。

もちろん「実」を求めるのは悪いことではありません。でも、僕にはそもそも土台がなかったんです。

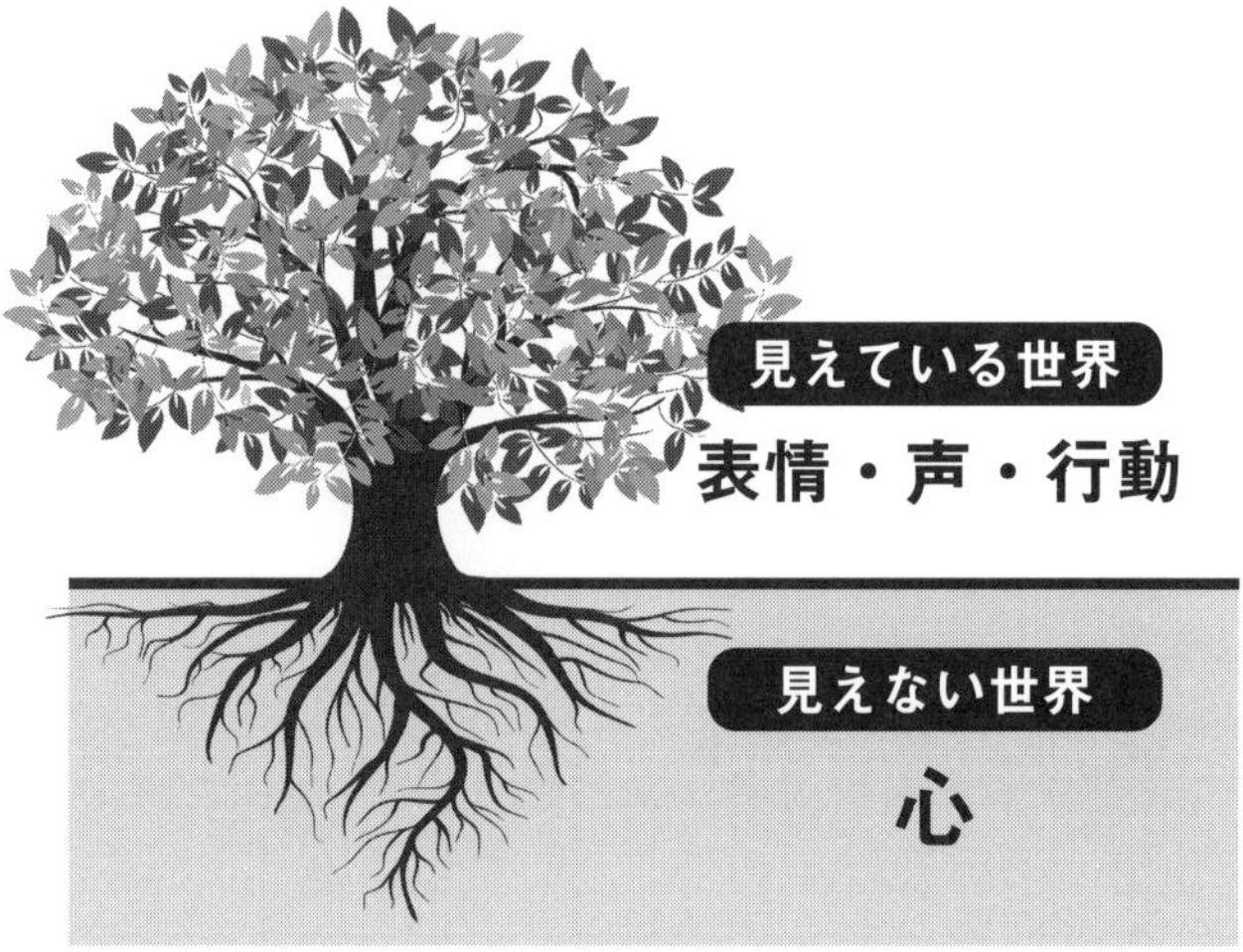
見えている世界
表情・声・行動
見えない世界
心

当時の僕は、「木」でたとえたら、「根」がまだ伸びていないのに、「幹」を太くして「枝」を伸ばし、たくさんの「実」をつけようとしていたんです。

するとその「木」はどうなるでしょうか。


倒れてしまうんです。僕はまさにそんな状態でした。

知識をたくさん手に入れて、高度なスキルをたくさん身につけました。

でも、土の中に「根」を深く張ることをやっていませんでした。


「根」は、伸ばそうと思えばどこまでも深く、広く伸ばすことができます。

土の中に広がった「根」は、豊富な栄養分をしっかりと吸い上げることができます。

「根」から栄養を受け取った「幹」にはエネルギーが蓄えられて、やがて「枝」を伸ばし、立派な「実」がなります。


見えない世界＝「根」が先で、見えている世界＝「幹」や「枝」や「実」が後なんです。

「根」の部分の勉強をしないかぎり、いくらがんばっても「売り上げ」の上昇は一時的なものです。すぐに下がってしまいます。

手当たり次第に高額セミナーに通っていた当時の僕が変わらなかったのは、「根」の部分の勉強をしていなかったからです。

そう、順番が逆だったんです。

人はすぐに忘れてしまう生き物です。「心」が先で「現実」は後と理解していても、つい「現実」を先に見てしまいます。

その原因は、染み付いてしまった思考の癖であったり、新しいこと・ものへの拒絶感であったり。

年齢を重ねれば重ねるほど、この傾向はより顕著になります。

当時僕は、小学校5年生だった長女、一花《いちか》の作文を読んでハッとしました。

その作文を紹介したいと思います。

書き初めをしました。私は筆を使ってみてから1年しかたっていません。

けれど、書いてみたらきれいに書けました。少し考えてみました。

なぜ、きれいに書けたのか、不思議になりました。そして、思いました。


私は、習字の時「上手に、きれいに書けるように。」と思いながら書きました。

今、気づきました。なぜ、私がきれいに書けるのか。それは、

「強い信念」


強く思ったからなんです！

先生は「静かに緊張感を持ってやりなさい」と言いますが、それは本当にそうした方が良いのです。

人は、気持ち……「心」から入っていくと、難しいことが案外簡単になってしまうのです。

できないから、あきらめよう。
できないからいいや。
ではなく、

私はできる！
私はこの大きな壁を乗り越えられるんだ!!

と思った方が良いことがわかりました。

何事も、自分で思ってから取り組む。
できないんじゃなくて、できないと自分で思い込んでいるだけです。
あきらめるくらいなら、自分から行動してやってみることが大切です。

小学校5年生の作文です。僕は、この文章を読んで気づかされました。


子どものころはわかっていたんです。

見えない世界と見えている世界は、全て繋がっていることを。

そして「心」が先で「現実」が後という原理原則に従って行動していました。

それは、先生が言ったことを素直に聴く「心」があったからです。


でも大人になるにつれて、だんだんとできなくなってしまうんです。

「心」の話となると、怪しい宗教を連想し、目を背けてしまうようになります。

恐れや不安を感じ、子どものころは繋がっていた場所と、繋がらないままで生きるようになったんです。


「悩みはありますか?」という質問をすると、ほとんどの大人が「ある」と答えます。

その悩みは、何かしらの「現実」を見て感じている不幸感です。

「売り上げが上がらない」「人間関係がうまくいかない」。

そうやって、「現実」を先に見て、「心」が後になっている。順番が逆だから、悩みが生み出されてしまいます。

原理原則から外れているから、不幸になっているんです。

だから、原理原則に抗うのではなく、素直になりましょう。

子どものころのように、素直な心を持ちましょう。

「そう、思ったら、そう！」

「心」と「現実」が完全に繋がっていると、簡単に成功を手に入れることができます。

「心」で思ったことが「現実」になります。
つまり、想いは現実化するんです。

「心」が先で、「現実」が後だと、失敗すること自体が難しくなるのです。

「心」で思ったとおりに「現実」が変わります。
つまり、運命を切り開くのは自分自身です。

原則1 「心」が先で、「現実」が後
〜 心と現実は繋がっている

「現実」をつくるのは自分自身なんです。

こんな話をすると、

「いやいや、そんなことを言っても、現実は簡単には変わりません。

私も成功したいと思ってがんばり続けていますが、なかなか変わらないんです」

と反論する人が多いです。


僕はいつも思うんです。

「やっぱり、原理原則どおりになっている。想いは現実化するんだ」

もちろんその人も、「変わりたい」という想いは持っています。

でも、その一方で、「どうせ私は変われない」と思っているんです。変われない
と思っている「心」が、「現実」をつくっているんです。

僕はこのことを、「ＳＯＳの法則」と呼んでいます。

（Ｓ）そう、
（Ｏ）思ったら、
（Ｓ）そう。

です。

「私はとっくに幸せだ。うまくいってる！」と思ったら、そのとおりになります。
「いや、そうは言いますけど、現実はそんなに甘くない」と思ったら、そのとおりになります。

思い描いたとおりの現実になっていないのであれば、それは、自分の想いを否定する心を、あなたが持ち合わせているからです。

周りの状況や環境は関係ありません。あなたがどう思っているかが全てなんです。

独立した当初、僕は無収入でした。
人脈もない、仕事もない、お金もない。そのとき、僕はどう思っていたか。

「どうせうまくいくに決まっている」。

「僕が売れないわけがない」と思っていました。
必ず日本一の講演家になると信じていました。

実績はありません。講演経験はゼロでした。それでも、

「影響力日本一の講演家になる」

僕はそう決めていました。実際、そのとおりになりました。

独立1年目に60講演を行い、2年目に年間164講演、3年目には年間240講演、そして4年目には年間330講演を達成。

この間に研修事業も立ち上げ、YouTubeでの情報発信も始めました。

独立してから11年が経った今では、会社の売り上げは年間10億円を超え、YouTubeの再生回数は累計2億回以上、YouTubeチャンネル登録者数は110万人を突破しました。

どうしてこうなったのか。

11年前からそう思っていたからです。

もちろんタイムラグはあります。思ったことがすぐに現実になるなんて、甘い考えかもしれません。

なかなか成果が現れないと、人はこう思うんです。

「やっぱり無理かも……」

すると、「無理だ」という現実を呼び寄せてしまうんです。

だから、「そう、思ったら、そう」。

自分の想いを信じて、やってやってやり抜きましょう。

すでに起こっている目の前の現実にとらわれていては、なんにも変化は生まれません。

自分の想いを本当に信じてさえいれば、現実はそのとおりに変わっていくんです。

「心」を変えるために、明るい「態度」をとろう

「心」と「現実」は完全に繋がっている。
「心」が先で、「現実」が後。

しかし、いざ「心」が先……を実践しようとすると、混乱が生じます。
私たちは、「心」をコントロールする術《すべ》を持ち合わせていないからです。

「心」をコントロールできないから、「悩み」が生まれます。

「心」をコントロールできないから、「迷い」が生まれます。
「心」をコントロールできないから、「責め心」が生まれます。

では、どうすればよいのか。
まずは見えている世界から、見えない世界にアクセスするんです。つまり、

「心」がプラスにならないのであれば、最初にプラスの「態度」をとる、ということです。

「心」が先、「現実」が後。この原理原則に変わりはありません。
けれども、人は環境に左右される生き物です。

「現実」がプラスであれば、「心」はプラスに引き上げられます。
「現実」がマイナスであれば、「心」はマイナスに引きずられがちです。

会社のキャッシュが回らなくて経営状況が悪い。
社員の意欲が上がらずに、会社に定着してくれない。
お客様に見向きもされない。

そんなときこそ、笑うんです。
うまくいかないからこそ、笑うんです。

「心」が少し明るくなれば、「現実」も少し明るくなるんです。

明るい出来事がないなら、明るい心をつくるんです。
明るい心がつくれそうにないときは、明るい顔をつくるんです。
積極的な態度をとることから始めるんです。

目標に遠く及ばない社員を目の前にして、「成績が芳しくない」という現実に「心」がざわつきそうになっても、ひとまず笑うんです。
社員を労って、感謝の言葉を、無理してでも口にすることで、「心」は変わっていきます。

まずは明るい態度から。
見えている世界から見えない世界にアクセスして、現実を変えていきましょう。

見えない応援団の力を使うことが、成功への近道

見えない世界と見えている世界は完璧に繋がっています。
これは、一人ひとり、個々の話だけではありません。
この世の全ての物事は、隠れた次元で繋がっているんです。
原理原則は、この世の全ての物事で成り立っています。
つまり、人の世の全てが「個」の鏡であって、自分の心を変えればそのとおりに

現実が変わるんです。

心理学に当てはめると、見えている世界は、「顕在意識」、つまり自分自身でコントロール可能な、人間の理性的な面です。

一方、見えない世界は、「潜在意識」、つまり自身では制御が難しい、本能的な面を指します。

人間の意識全体は大きな氷山にたとえられることが多く、そのほとんどが海に沈んでいる潜在意識の領域になります。コントロール可能な顕在意識は、海上に顔を出しているほんの少しの部分でしかありません。

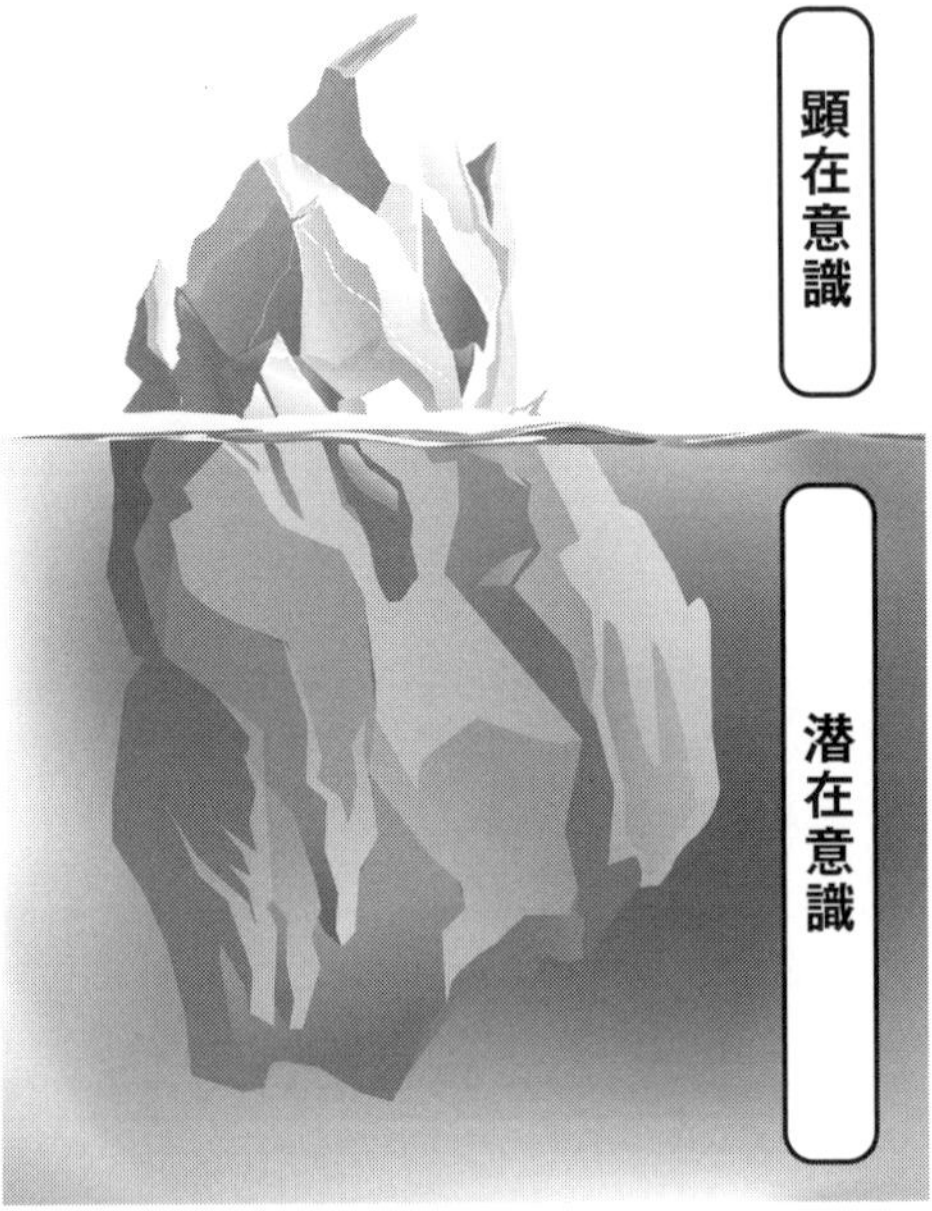

潜在意識はさらに2種類に分けられます。一つは、人が生まれてから経験したことによってつくられる「個人的無意識」。もう一つは、普遍的無意識とも言われる「集合的無意識」です。「集合的無意識」は個人の経験による無意識よりも大きく深く、種族や民族、さらには人類共通の無意識領域とされています。

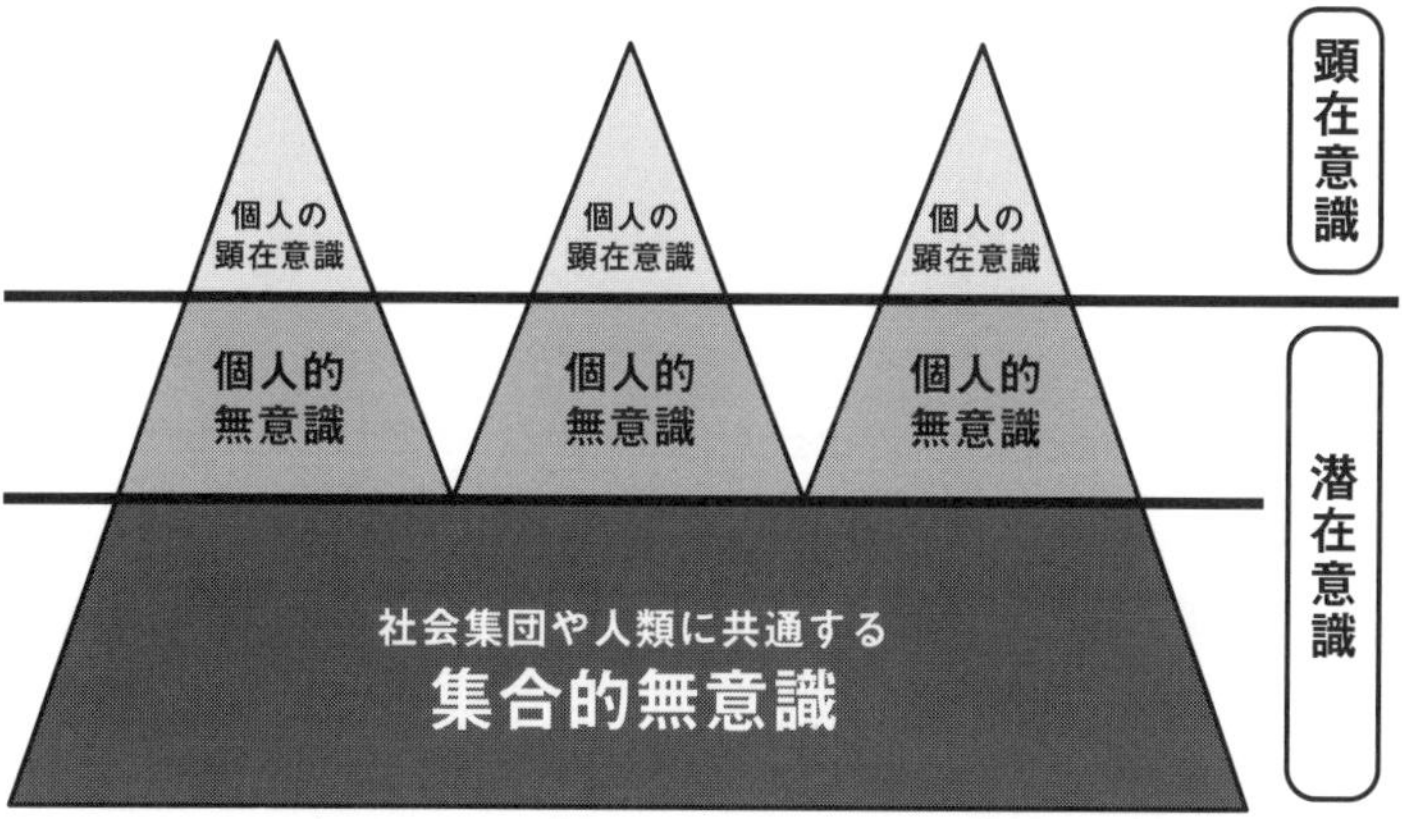
個人の
顕在意識
個人の
顕在意識
個人の
顕在意識
個人的
無意識
個人的
無意識
個人的
無意識
社会集団や人類に共通する
集合的無意識
顕在意識
潜在意識

「潜在意識が占める割合は、全体のうちの95％である」
「潜在意識は、顕在意識の3万倍以上のエネルギーを持っている」
多くのセミナーや研修で取り上げられるこのような話は、潜在意識の大きさや深さを示しているのです。

行動を起こすと、その情報は顕在意識を通り、潜在意識に送られてストックされます。

潜在意識は大きなデータベースの役割を果たし、顕在意識はそのデータベースにアクセスすることで、次にとるべき行動を決めています。

「潜在意識」のデータベースをもとに、「顕在意識」の行動が決まる。
つまり、見えない世界の情報から、見えている世界での行動が決まっているのです。

だから、「心」が先、「現実」が後なんです。

さらに深い部分の潜在意識、つまり集合的無意識にアクセスすると、個人レベルではなく、他者と関わる事象が生じます。

自分に必要な情報が不意に飛び込んできたり、「最近どうしているかなぁ」と頭に浮かんだ相手から突然連絡があったり、といった経験をしたことはないでしょうか。

人と人とは集合的無意識という深い部分で繋がっています。集合的無意識にアクセスすることで、他者の潜在意識にアクセスし、アクセスされた相手の顕在意識の中で行動が引き起こされます。

絶体絶命のピンチに陥っても、あきらめず、信念を曲げずに努力し続けていると、天から助けが降ってくることがあります。これはまさに集合的無意識へのアクセスによるものです。

僕はこの不思議な現象のことを「見えない応援団の力」と呼んでいます。

運がいい人というのは、見えない応援団に応援されているのです。

見えない応援団の力によって、窮地を脱したり、幸運をつかんだりできるのです。

見えない応援団は、特定の人をひいきすることはありません。地球上全ての人類を平等に応援しています。

ただし、応援する相手は選びます。

「こんな夢を叶えられればなぁって思っているんですけど……難しいですよね」

一生懸命やっていない人を応援するほど、見えない応援団は暇ではないんです。

「人を騙してでも、蹴落としてでも成功してやる！」

私欲にまみれた人を応援することは、絶対にありません。

「もうワクワクが止まらない！　絶対に成し遂げよう！　いや、違った！

そう思ったらそう！　だから、すでに夢が叶っちゃってるんだ‼」

こんな人を見つけたら、見えない応援団は放ってはおきません。

「面白いやつがいる！　よし、こいつを応援しよう」

そうしてチャンスを与えたり、他の誰かと繋げたり、ピンチを脱する力を与えるんです。


見えない応援団は、利己的な願望を嫌います。消極的な行動を嫌います。

見えない応援団は、誰かを想う気持ちを大切にして、倒れるくらいに前のめりで積極的な人を好みます。


自分だけがいい目を見ようと考えるのではなく、周りの人の笑顔のために、自分を活かす生き方をしましょう。

そして、見えない応援団の力を借りて、夢を叶えていきましょう。

原則2

与える人は、
与えられる人

～ 先に与える人になろう

世の中の全ての物事は、
振り子と同じように
二つの方向へ交互に運動しています。
出せば入る。捨てれば得られる。
貪《むさぼ》れば失います。

「振り子の法則」とは!?

世の中には、人間の力ではどうすることもできない原理原則がいくつかあります。
その中の一つが「振り子の法則」です。

振り子の法則とは、片側に振れたらほぼ同じ振れ幅で逆側に振れるということ。
小さく振れば小さく、大きく振れば戻るときの振れ幅も大きくなります。

これが世の中の多くの物事に当てはまる原理原則です。

例えば、出せば入る。

つまり、出した分だけ、新しいものが入ってきます。

人は緊張したりプレッシャーを感じたとき、自然と呼吸が浅く、そして速くなってしまいます。緊張をほぐし、リラックスして気持ちを落ち着かせるには、深呼吸をするのが効果的です。

このときポイントになるのが、先に息を吐くこと。

「深呼吸をしてみましょう」と言われると、多くの人が息を吸ってから吐こうとします。しかし、先に吸うと息苦しくなるはずです。

特に緊張した状態で息を吸うと過呼吸状態のようになり、プレッシャーをより感じてしまいます。

呼吸の原則は先に吐くこと。すると、自然に新しい空気が体の中に入ってきます。

原理原則は、出せば入る、ということです。

捨てれば得られる。
貪れば失う。
与えれば、与えられます。

全て同じです。
振り子の法則に従って、振った分だけ戻ってくるのです。
そして大切なことは順番です。

出せば入ります。先に入れてはいけません。
どちらが先か、まずは理解しなければなりません。

ここからは、「振り子の法則」を知るための具体例をご紹介します。

「お金がまた減っていく……」はNG！喜んで支払おう

世の中に溢れる、お金にまつわるセミナー。

受講を始めた当初は、売り上げが上がるかもしれません。しかし、それは一時的なものです。

なぜなら、内容のほとんどが、原理原則から外れてしまっているからです。

入れるのではなく、先に出す。

原則2 与える人は、与えられる人
～ 先に与える人になろう

お金を稼ぎたかったら、お金を出すことから始めるべきです。

そこをはき違えたセミナーが多いです。

お金は稼ぐよりも、まずは使うことが大切です。しかも、喜んで使うのが重要です。

本書をお読みのあなたは、お店で支払いをするときにどんな気持ちになるでしょうか。

「うわぁ、また財布の中身が寂しくなるな……」

「今月は節約生活しなきゃまずいな……」

そう思いながら払い続けていると、収入が下がっていきます。企業であれば、売り上げは伸びません。

マイナスな気持ちでお金を出していると、マイナスなエネルギーを持ったお金が手元に戻ってくるからです。

出せば入るという原理原則にのっとって、お金は喜んで使うべきなんです。

マクドナルドを辞めてすぐのこと。僕は収入ゼロにもかかわらず、目標達成力・コミュニケーション力・マネジメント力・理念浸透力などなど、自分のスキルアップにと、さまざまなトレーニングプログラムに、一気に85万円を使いました。いわゆる自己投資です。

価格は主催者側の自信と比例するので、預金を切り崩しながら、とにかく高額な研修を選びました。そうです。結果、何百万円も学びに投資しました。

独立から半年後、楽読教室のインストラクター養成コースに30万円を一括振り込みした時点で、退職金と合わせて1000万円近くあった預金残高は2万4000円になりました。

この間、僕はずっと、ワクワクしながら支払いをしていました。

将来の輝く自分の姿を思い描きながら、喜んで支払いを続けていました。

どんどん減っていく預金残高に、鬱々するなんてことはまったくありませんでした。

受講した研修のいくつかは、「原則1」で紹介した、「木」でいうところの「実」、つまり永続的な成果に繋がらないものもありました。

けれども、まずは喜んでお金を出したというプラスのエネルギーが、最終的には、出した以上の価値と量になって戻ってきた、と僕は実感しています。

「できることなら、お金はあまり使いたくない」と思っている人が多いと思います。でも、僕は違います。「お金を払いたい」とすら思っています。

知人が経営する飲食店を訪れると、時折、僕はこんなやりとりをします。

店員「鴨さん、いつもありがとうございます！　本日のお会計、1万2000円です」

鴨頭「ふざけるな！　もっと取れ！　俺が受けたサービスはこんなもんじゃない。知り合い価格で1・5倍にしろ！」

「なんだあの人……変なやつだな」と、他のお客さんからの冷たい視線を感じることもありますが、僕はまったく構いません。

なぜ僕がこんなことを言うのか。それは、お金をとても大切に思っているからです。

お金は「全ての物の象徴」です。

物には値段がついているから、その価値を計ることができます。

仕事を介して誰かを幸せにした分、それが収入となって自分に返ってきます。

そして、自分がどんな心で働いているのか、お金となって可視化されるのです。

マイナスの心で働いたら、収入は減ります。

プラスの心で働いたら、収入は増えるんです。


「お金を出すのが嫌だ」という人が増えたら、世の中は不景気になります。

「お金を払うのが楽しい」という人が増えたら、景気は良くなります。


お金は「感謝のエネルギー」です。

周りの人にエネルギーを注いでいれば、後からそれは、「感謝のエネルギー」となって必ず自分に戻ってきます。

一億円持っている人は、一億円以上のエネルギーを周りにちゃんと注いだ人なんです。


「お金を使ってはいけない」

「貯金しなくちゃ」

「自己投資なんてお金持ちがすることだ」

こんなふうに、お金がなくなることに恐怖を抱いていると、感謝のエネルギーの循環は生まれません。

自分の手元にとどまったままの感謝のエネルギーは、やがて淀んで力を失います。


これからお金を使うときは喜んで使いましょう。

コンビニで支払いをするときには、喜んで支払いましょう。

飲食店で、お会計のときに喜んで払うんです。


日常生活の中でお金を使う機会は何度もあるはずです。その回数分だけ、実践の機会があるんです。

支払いの度に、財布を出したら心の中で呟くんです。

「よし、実践のチャンスだ！　お金さん、いってらっしゃい！」

マイナスの心でお金を使ったら、お金は減っていきます。
プラスの心でお金を使ったら、お金はたくさん入ってきます。
出せば入る。原理原則はシンプルです。

与える人は与えられる人

人間関係を良くするコツは、先に与えること。

自分が与えることをしないで、何かが得られることは、まずありません。貪れば失います。

自分が欲するものを得たければ、まずは与えることによってしか手に入れることができません。これが原理原則です。


しかし、わかっていても実践できない。奪うとまではいかないまでも、先に欲してしまうのが人間です。

特に、苦手な相手に対して、先に与えるのは、精神的に至難の業……。


でも、原理原則は変えられません。

抗うことなくそのとおりに行えば、必ず成果は出ます。

消防職員である僕の友人Aさんが、こんな話をしてくれました。

私は、同じチームで働く救急救命士の先輩Bさんとの関係に悩んでいました。

Bさんは事務仕事が大の得意。その代わり現場で活動するのは苦手でした。

そのせいか、現場の仕事を軽視して、事務仕事を重要視しています。

私が外で火災訓練をしていると、

「そんなことしてないで、事務やれば？」

と半笑いで声をかけてきたり、私が現場から戻ると、

「そんながんばり、別にどうってことないですが……けど、はい、お疲れ様でした」

と小馬鹿にした態度で出迎えたり。

時折、どう考えても怒られる場面ではないのに、一方的に怒鳴りつけてくることもありました。

何かにつけてAさんに食ってかかる、その一方で、お気に入りの後輩（女性職員）には付きっ切りで、とても可愛がっていたそうです。

ある日、その女性職員が仕事でミスをし、Aさんが注意をすると、それを見ていたBさんから猛反撃される始末……。

あまりにも理不尽な態度が続いたため、Aさんは、

「面倒くさいな、このエロ親父……。いっそのこと無視してしまえばいいか」

と心を閉ざそうとしたそうですが、ふと、まったく別の考えが頭をよぎったそうです。

「いや待てよ。これはチャンスかもしれない……。Bさんとの関係を改善できれば、どんな人とでもうまくやっていけるのでは？」

そこからAさんは、大っ嫌いなBさんの「いいところ」を探すようになりました。

「Bさんのいいところを100個書き出そう！」

そう決意して2週間。悩みに悩んで見つけ出したBさんのいいところは17個。どんなにひねり出しても、それ以上は出てこない……。

それでも、気づきがありました。

Bさんは、現場活動に自信がないため、

「事務仕事こそ自分のフィールド。他のメンバーと自分とでは、得意分野が違うだけだ」

と割り切って仕事をしているのではないか、と思ったそうです。

事務仕事に一生懸命になることで、自分の居場所を必死につくろうとしているBさん。彼の芯の強さに触れて、AさんのBさんに対する見方は、それまでとは大きく変わりました。

AさんはBさんと仕事の話をするようになりました。

「なんでそんなに法律に詳しいんですか？　どうやって勉強しているんですか？」

事務仕事の相談にのってもらったときは、
「この法律面白いですね。こういう考え方があるなんて知らなかったです。勉強になります！」
と、感謝するだけではなく、Bさんが大切にしている価値観を承認できるようになったのです。
すると、3日も経たないうちに、Bさんとの関係が180度変わったそうです。

廊下ですれ違っても、あいさつどころか目も合わせなかったのに……今ではBさんのほうから冗談を言ってくれるほどになりました。

現場作業について、質問されることもあります。

何より、鉄仮面のようだったBさんの笑顔をたくさん見られるようになりました。

Bさんの冷たい態度の根本原因は、寂しさからくる疎外感だったんです。

私も、Bさんと敵対していたころは、

「こいつよりも高度な知識をたくさん身につければ……うまく説き伏せられるはずだ」

と、Bさんと競い争うことばかりを考えていました。

でも、Bさんが大切にしていることに関心を持ち、それを承認することで、いとも簡単に良好な関係を築くことができました。

先に与えることで、その恩恵は自分に返ってきます。
与える人は、与えられる人。

Aさんは言いました。
「今ならBさんのいいところ、100個書けそうです」

話し上手は聴き上手！

振り子の法則は、「話す力」と「聴く力」にも当てはまります。

例えば、こんな経営者がいたらどうでしょうか。

部下「すみません、社長。現場でちょっとした問題が起きていて……」

社長「あー、そんなこといいんだよ。とにかく俺の言ったままやっておけばいいんだ！」

こんな社長の話を、部下は真剣に聴きたいと思うでしょうか。思わないですよね。

どんなに大きな声でたくさん話をしても、どんなに立派な内容でも、部下の話を聴くことのない社長の話に、部下は興味を持ちません。

自分が聴いた分だけしか、部下は聴いてくれないのです。

「はい、わかりました」も、それはきっとうわべだけ。話の中身をしっかり受け取ってはいません。

少し極端な例を挙げましたが、あなたの身の回りでも同じようなことは起きていないでしょうか。

自分の話を聴いてくれる相手なら、その人の話を受け入れやすくなるはずです。

些細なことでも部下の報告に耳を傾けて、

「そのとき、君はどうしたんだ？」

と返してくれる上司。

「これからも何かあったら全部報告してほしい。ちゃんと伝えてくれてありがとう」

こんなふうに受け入れてもらえると、部下は朝礼のスピーチのときだって、

「よし、社長の言うとおりにがんばろう！」

と前向きになれます。

あなたが聴いた分だけ、相手に聴いてもらえるのです。

つまり問題は話す力ではありません。聴く力です。

先に聴けば、その分だけ伝わります。

「人の話は聴けるけれど、伝えることが苦手なんです」
これは大きな間違いです。特に男性に多いように思われるのですが……そんなこと起こり得ません。
それは、聴いている〝つもり〟なだけで、実際には人の話を聴けていないのです。

一番わかりやすいのが、夫婦のやりとりです。

夫婦関係が壊れる原因の一つが、旦那さんが奥さんの話を聴いていないこと。
大切なことなので覚えておいてください。
傾向として、ですが……、多くの旦那さんが奥さんの話を聴けていません。

「君の言うことなら、なんでもやるよ」

結婚前には、こんなふうに積極的に話を聴こうとします。けれど、男性とは浅はかな生き物です（笑）。夫婦になった途端、彼女はもう自分のもの、と思い込んでしまいがちです。

奥さんが話しかけてきても、「うん、そうか。ふーん」とスマホをいじりながら生返事したりするんです。

奥さんは、

「あぁ、この人は私の話を聴いてない」

と、口には出さないまでも、旦那さんに対してストレスを感じ始めます。やがて、イライラはどんどん大きく育っていき、いよいよパンパンに膨れ上がったところで……、おおかた男性が何かやらかすんです。

浮気や金銭トラブル、性格の不一致など、夫婦によってさまざまでしょうが、それらはあくまでもきっかけです。

夫婦関係悪化の原因は、話を聴いていないこと。

従業員が会社を辞めてしまうのはなぜでしょうか。

それは、話を聴いてもらえないからです。

労働環境や賃金、業務内容など、いろいろと辞める理由は口にするかもしれませ
ん。でも、根本的な問題は、そこではありません。

想像してみてください。

「この会社のみなさんは、私の話を親身になって聴いてくれます。でも……私はそ
れに耐えられないから、辞めます」

こんなことはあり得ないですよね。

人は、話を聴いてもらえるだけで、「自分はここにいてもいいんだ」と感じることができます。

自分の存在を認められ、初めて、前向きな行動をとることができます。

自分の能力を発揮して、活躍の場を広げていくことができます。


人間関係の根底を支えているのは、聴く力です。

話を聴くことができないと、どんなにテクニックを駆使しても、相手にその言葉は届きません。


まずは話を聴く。すると、話を聴いた分だけ相手に伝えることができる。

この原理原則を知り、聴く力を伸ばしていきましょう。

原則3

どんな出来事も明るく受け止める

〜 自分の世界は
自分にしかつくれない！

身の上に起こる苦難は、
自分の誤りや不自然な生き方が表面化したものです。
身の上に起こった現象を嫌わずに受け止めて、
「これが良い」と肯定して生活を改めると、
自ずと苦難は解決していきます。

人生は自分の力で変えられる

私たちは生きている間に、必ず、思いもよらない出来事と遭遇します。それも一度や二度ではありません。

そのときに大切なのは心持ち、つまり、受け取り方です。

うまくいかない出来事というのは、生活のどこかにズレが生じていることを教えてくれる赤信号なのです。つまり、

「その出来事は外側の出来事ではない、内側の出来事だ！」

と教えてくれているのです。だから、悪いことが起きたら、

「やった！　気づかせてくれている！」

と喜んで受け取りましょう。


以前、私は交通違反をしてしまったことがあります。


大きなイベントの後、スピードを出し過ぎてしまいました。

命がけで取り組んだ仕事が無事に終わり、その達成感から少し気が緩んでいたのでしょう。

気が緩んだタイミングで、私は警察官に止められ注意を受けました。


昔なら、「なんで俺が捕まらなきゃいけないんだ！　前のやつも、今通ったやつ

も違反してるだろ！　早く捕まえろよ！」

と怒鳴っていたかもしれません。

ただ、怒鳴ったところで状況が良くなるわけではなく、むしろ悪くなる一方です。

「大事故になる前に止めてくださり、ありがとうございます」

私は警察官に、このように伝えました。

「警官に止められたから最悪」ではありません。

ここで止められて注意してもらわなければ、後で取り返しのつかないような、もっと重大な事故を起こしていたでしょう。

スピードの出し過ぎは自分がズレていた、その表れです。

だからこそ、人に注意をされたら、素直に受け止めるのです。

人に注意をされたら、感謝をするのです。

注意をされたことをマイナスに捉えるのは簡単です。

しかし、目の前で起こった現象を拒絶するのではなく、ここで、素直に受け止めて肯定すると変化が起こります。

注意を受けるということは、自分にはまだチャンスがある証拠であり、その注意を素直に受け止めてこそ、その後の状況が良くなるのです。

心の中にズレが生じているんです。だから、起きた出来事は全て、心から明るく受け止めましょう。

これから先、あなたの人生の中で、思うようにいかないことが起きたときには……喜びましょう。

そして、嬉しいことがあったときには、心静かに、幸せをかみ締めながら感謝しましょう。

悪い出来事を喜び、良い出来事に感謝できるようになると、「人生はまるごと、自分で変えられる！」と実感するはずです。

何が起きようが明るく生きることができます。
全てを許すことができます。
すると、喜んで働けるようにもなります。

社長が……上司が……客が……世間が……。
そんなことは関係ありません。
この世界をつくっているのは、自分自身なんです。

病気になったら……
それも、受け止めよう

体調の悪さは、単に「体調が悪い」という出来事ではありません。

「生活習慣のどこかに誤りがあるぞ、気がつけよ」

という、あなたの心と体が発している赤信号なんです。


睡眠時間が足りていない。

食生活が乱れている。

気持ちが休まる暇がない。

なんの原因もなく病気になることはありません。
今まで隠れていた、自分の中の不自然な部分が、表に出て目に見えるようになったシグナルです。

病気は、生活を見直すための、赤信号です。

売り上げが落ちたら……喜ぼう!?

経営者のほとんどが、売り上げが上がったら喜びます。売り上げが下がったら悲しみます。

帳票を開き、

「うわぁ、また売り上げが落ちた……うちの会社、まずいぞ……」

そう思ったら……そう！

悲しみ、憂い、恐れを感じると、売り上げは落ちていきます。

では、数字が落ちたときに、どうすればよいのか。

喜びましょう！

「やった！　改革のチャンスだ！」

まずは喜びましょう。だって、会社のどこかにズレがあるんですから。

心の矢印、今どっち？

天気が良い日に、傘を持たずに家を出たとしましょう。

突然天候が急変し……、ブワーッと雨が降ってきました。

「なんだよ！　なんで急に雨降ってくんだよ！」

こう思ってしまうのは間違いです。原理原則から外れています。

「うわぁすごい！　めっちゃ降ってる！　楽しい！」

と思うと、良いことが起こります。

これ、どういうことかわかりますか。間違いのポイントは、
「雨が降ったから嫌な気分になっている」ことです。

「雨が降った」は「現実」です。
「嫌な気分」は「心」です。
つまり、「現実が先で、心が後」になってしまっているんです。

とはいえ、実際に雨に降られてビショビショになったら嫌な気分になりますよね。
でもそれを正すのが、原理原則に従うということです。

大切なことは、矢印の向きです。
正しくは、「心→現実」です。

「現実→心」は、矢印の向きが逆。
自分の心に矢印を向けてはいけません。

受け取り方が全て！幸せは自分でつくり出すもの

独身時代に出会った先輩たちは、口を揃えてこう言っていました。

「いいか鴨頭、結婚すると大変だぞ。独身のころのような自由がなくなる。今のうちに楽しんでおけよ」

中には、ご丁寧にも順序立てて解説してくれる先輩もいました。

「まずはお金の自由がなくなるぞ。独身の間は給料を自分で自由に使えるけど、結婚したら全部持っていかれる。その一部をお小遣いとして、ヘコヘコと受け取るようになるんだ……。変だと思わないか？　その金を稼いだのは誰だ？

それだけじゃない。時間の自由もなくなるぞ。休みの日には家族サービスをしないと愚痴をこぼされて、行きたくないところにも連れ出されてしまう。

さらにだ。結婚したら、カミさん以外の女性と仲良くできなくなるんだぞ」

僕より先に結婚した先輩の中で、「結婚はいいものだぞ」と教えてくれた人は誰一人いませんでした。

でも、実際は違いました。

結婚後の僕は、独身時代の比ではないくらいに幸せです。

家に帰ったら、講演会で出会った素敵な人のことや感動した出来事を、全部カミさんに話すんです。

これが一人だったら、幸せを自分だけでかみ締めて終わりです。

カミさんに話して幸せを共有したら、喜びが倍増します。

カミさんも幸せを感じ、そして笑顔になってくれたら、その笑顔を見て僕はもっと幸せになれるんです。

僕は、「結婚は大変だぞ」と話していた先輩たちに文句を言いに行きました。

「先輩、うそついてましたよね。結婚したら、めちゃめちゃ楽しいじゃないですか！喜びは何倍にもなるし、つらいことは忘れられるし。

がんばったんだねって逆に励ましてもらうと、つらさでマイナスだった気持ちも、プラスに転じるじゃないですか」

すると、すかさず、こう返されました。

「鴨頭、それは最初だけだ」

結婚して20年近く経ちましたが、僕は新婚のころより今のほうが幸せです。

ちょっとではなく、圧倒的に幸せです。

嬉しいことがあったら、カミさんに話します。

「良かったね、嘉人」

僕の話を聴き、そう返してくれるカミさんの言葉には、

「20年の間にいろいろ大変なこともあったけど、本当になりたい自分になれたんだね」

という喜びの気持ちが込められているんです。

結婚が幸せか幸せでないか、それを決めているのは自分自身です。
幸せな出来事というものは存在しません。大切なのは、

「幸せだと思うこと」。

僕は結婚して幸せだと思っています。でも、先輩たちは結婚を幸せだとは思っていません。この違いは、結婚という、人生におけるイベントそのものの良しあしではないんです。

「幸せだと思うこと」。

結婚だけではなく、仕事もそうです。

マクドナルドのカウンター業務を、「ハンバーガーをつくって売るだけ」と考えると、ルーティーンをひたすら繰り返すという、つらい仕事になりますが……、「お客様に豊かな食体験を提供している」と考えれば、食事を楽しむ家族の笑顔を見て、幸せを感じることができます。

ごみ収集の作業を、「ごみ拾い」ではなく、「街をきれいにする」と考えると、多くの人を陰で支える価値ある仕事として誇りを持てるようになるんです。


朝、目覚めて、窓を開けた瞬間にどう感じるかもそうです。

「お前は今日も、私のように出会った人を明るく照らすんだ」

太陽からそう言ってもらえた気がして、感動のあまりひと泣きする。ここから1日をスタートする僕のような人間もいれば、何も感じない人だっているでしょう。

「また朝が来てしまった。人生は苦行だ……」

と思う人だっているかもしれません。

僕は、「受け取り方が全て」だと思っています。

状況を変えることよりも「幸せだと思うこと」が大切なんです。

受け取り方を変えるために、僕は簡単な習慣をやり続けています。それは、

「幸せだなぁ」


と呟くことです。

できるだけたくさん、「幸せだなぁ」って呟くんです。

ごはんを食べる度に、「幸せだなぁ」って呟くんです。

大好きな家族と、最高の社員と食事を共にしながら、自分がいかに恵まれているかをかみ締めています。

仕事をする度に、「幸せだなぁ」って呟くんです。
僕の仕事は、全国各地に行って、「会いたかったです！」って言われて、僕の話を聴いて幸せになってくれる人たちの姿を見ることです。

少しでも感情が動いたら、「幸せだなぁ」って呟くんです。
すると幸せを味わうことができるんです。

受け取り方が全てです。
幸せな出来事があるんじゃない、幸せは自分でつくり出すんです。

原則 4

明るく、仲良く、喜んで働く

〜 成功者に共通する「美しい生き方」を体現する

あらゆる物事は二つと同じものはありません。
人は他の誰かと取り替えることのできない、
唯一絶対の存在です。
一方で、人は一人では生きてはいけません。
だから、明るく生きるべきなのです。
自分の心が明るくなると、相手の態度も変わり、
商売の結果も変わり、運命が好転していきます。

明るい言葉・明るい表情・明るいあいさつが、明るい人生をつくり出す

明るく生きる秘訣は、ズバリ「言葉」と「表情」と「あいさつ」に意識を向けること。

普段から明るい言葉を使い、明るい表情で、明るいあいさつを心がけましょう。

まずは、明るい「言葉」。

人間の言葉と心は繋がっています。明るい言葉を使うと、心も明るい方向に導かれます。

「やった、ついてる！」
「絶対うまくいく！」
「やっぱり最高！」

無理矢理にでも構いません。明るい言葉を使っていると、心を荒ませるほうが難しくなります。明るい言葉は明るい心をつくり出し、明るい現実を引き寄せます。

他方で、「人間の言葉と心は繋がっている」ということは、素晴らしいことではありますが、恐ろしい面も持ち合わせています。

否定的な言葉ばかりを使っていると……心がどんどん否定的になっていくからで

す。

だから、とにかく明るい言葉を選ぶんです。

そして、きちんと口から、その言葉を発しましょう。

言葉には二種類あります。

頭の中だけで唱えている言葉と、声帯を震わせて外に出す言葉です。

数で言えば、頭の中だけで唱えている言葉が圧倒的に多いです。脳の中には絶えず膨大な量の言葉が浮かんできます。人はその言葉の中から一部を選択し、声帯を震わせて外に出しています。

自分が用いる言葉を明るい言葉にするには、声帯を震わせて口から発する言葉を変えるのが有効です。

声帯を震わせて外に出す言葉のほうが、頭の中の言葉よりも意識して変えやすいからです。頭に浮かぶ言葉よりも、喋る言葉はコントロールが簡単です。やりやすいほうから、「言葉の力」を使うんです。

明るい言葉を発していると、次第に頭の中の言葉も明るくなっていきます。心も明るくなり、明るい言葉しか浮かばないように変化してくるんです。

言葉の力を活用して、習慣を磨き上げていきましょう。

あなたが明るい前向きな言葉を発すると、そばにいる仲間たちは明るく前向きな言葉を耳にすることになります。すると、その仲間たちも明るい言葉を発するようになり、次第にあなたの周りには、明るい言葉を発する人しか集まらなくなります。

喜んで働くことは、自分のためだけではない！世の中のためになる！

「喜んで働く」の「喜んで」とは、仕事がうまくいっているから「喜んでいる」という意味ではありません。

喜んで働いているとお客様がやってきて、その結果として売り上げが上がり、仕事がうまくいきます。

心が先、現実が後。

原理原則に抗うことなく働きましょう。

これまで僕は、8000人もの子どもたちに謝ってきました。小学校・中学校・高校で講演する機会をいただくと、子どもたちに必ずこんな質問をします。

「周りの大人たちを見ていて、早く大人になって働きたい！　そう思う人は挙手してください」

手を挙げる子どもは一人もいません。だから、その度に僕は謝ってきました。

この結果は全て、今働いている僕たち、大人の責任です。

身近な大人たちの姿を通して、子どもたちは自分の将来をイメージするからです。

例えば、通勤電車の中。

「さあ、今日も仕事ができる！　ワクワクするなぁ！」

車内は満面の笑みのビジネスパーソンたちで溢れかえっているでしょうか。

疲れた顔で、満員電車に揺られながらイライラしている大人ばかり。

そんな姿を見たときに、子どもたちは思うんです。

「うわぁ、大人って大変そうだな……」

「仕事って、つらいものなんだ」

大人たちの「表情」を見て判断しているんです。

どうですか？　電車の中で、暗い顔をするのはやめませんか。

うそでもいいから、笑って働きましょう。
うそでもいいから、喜んで働きましょう。

うまくいっているから喜ぶのではありません。
喜んで働いているから、うまくいくんです。

そして、大人が喜んで働いていれば、その姿を見た子どもたちはこう言うでしょう。

「うわぁ！　働くことって楽しいんだ！」
「早く大人になって働きたい！」

僕は思うんです。
喜んで働くためには、自分の仕事の価値に気がつくこと。
もっと言えば……自分の仕事に自分で価値をつけること！

価値とは、概念です。極端に言えばイメージです。
価値とは、自分の頭の中で生み出されるものなんです。
価値は誰かが決めているのではない。全部自分が捉えたイメージです。

この仕事は最低だと思ったら最低な仕事。
この仕事は最高だと思ったら最高の仕事。

僕は以前、こんな相談を受けたことがあります。
「私は経理部で働いています。お客様と直接やりとりすることはなく、誰からも『ありがとう』と言われることのない仕事です。こんな仕事にも価値はあるんでしょうか……」

僕ははっきりと答えました。

「お客様がいないんじゃない。あなたがお客様の存在に気づいていないだけです。

あなたのお客様は、あなたの会社の社長や、営業担当者など全ての社員です。

もしあなたが経理の仕事をしなかったら、社長は全力で仕事に取り組むことができません。

営業担当者は社外の人に自分の会社の価値を提供することができません。

あなたがいないと、あなたの会社のスタッフは、自分の役割を果たせずに、輝くことができません」


自分の仕事の価値に気づきましょう。

気づくのが難しいと感じたら、自分で価値をつけてください。


そして、喜んで働きましょう。

仕事が楽しい！　仕事が大好き！　その姿を子どもたちに見せてあげましょう。

明るい未来をつくるのは、私たち大人の輝く姿です。

明るさの先にある、美しい生き方

これまでに僕が出会った、成功している経営者や、尊敬できる人格者がよく口にする言葉。それは、

「美しい生き方をしよう」。

高い服を着るとか、高級車に乗るとか、豪華な食事をするとか、そんな贅沢な暮らしをすることではありません。

美しい生き方とは、

いつ、どこで、誰といても同じ状態であること。

お客様の前ではいつもニコニコと愛想が良いけれども……、会社に戻ると無表情。

ストレス発散とばかりに社員に当たり散らしている。

これではいけない、ということです。

お客様への対応が抜群でどんなに成績が良くても、それは一時的なものでしかありません。社員への責め心は社員の心を打ち湿らせ、やがてお客様に伝わります。

あるいは、自分に否定的な人を目の前にすると、嫌だなと思ったり、可哀想だなと思ったり、度がすぎた場合には二度と会いたくないなと思ったりするでしょう。

相手がお金持ちであろうが、一円も持っていなかろうが関係ない。
相手がどんなに人格者であろうが、小心者の器の小さい人物であろうが関係ない。

どんな人を目の前にしても、同じ状態であることが「美しい生き方」です。

「美しい生き方」は、原理原則どおりです。
いつ、どこで、誰といても同じ状態であることとは、心の状態を常に平穏に保つことを意味しています。

他の誰とも関わらず、自分一人で生きていくのであれば、原理原則に従う必要はありません。
でも、それは不可能です。
人との交わりが存在するからこそ、原理原則が働きます。

心が先、現実が後は、変えることのできない原理原則です。
原理原則に抗うことなく、そのとおりに生きることは「美しい生き方」に繋がります。

美しい生き方を体現しながら、幸せに生きる方法、それがまさに、

いつ、どこで、誰といても同じ状態であること。

お互い、美しい生き方を追求していきましょう。

原則5

相手は自分の映し鏡

〜 相手を変えるな！
自分を磨け！

あらゆる物事には、
全て対立する二つの要素があります。
上下・前後・男女・親子・美醜など、
一方があって初めてもう一方があり、
相待・相補の関係にあるのです。
その対立したものが一つになったとき、
物事は成り立ち、
それ以上に発展していきます。

陰と陽とが合わさって、初めて物事はうまくいく

陰と陽、相反するこの二つの力が溶け合って一つになったときが、生成発展の始まりです。例えば、電気にはプラスとマイナスとがあり、それらが交流し電気としての役割を果たしています。

陰はマイナス・受動的・後退を表し、陽はプラス・能動的・前進を表します。万物は対立の相の中に存在し、陰には陰の、陽には陽の、それぞれに在り方があります。

例えば、箒《ほうき》には、柄という陰の部分と、穂という陽の部分があります。柄と穂がしっかりと合一することによって、箒本来の働きが発揮され、掃除ができるようになります。

これを人の世に当てはめれば、相互の理解と協力によって物事が生成発展していくのです。

しかし、互いの関係性を失い、バラバラになって孤立してしまうと、固有の働きは失われ、存在すらできなくなります。

対立の関係においては、順序秩序を遵守することが重要です。先後、上下、内外の順序があり、これが乱れると対立により生み出された結果が壊れてしまいます。目の命ずる方向に足が運び、足の行くほうに体が従い、一糸乱れぬ行動をとることができなくなるのです。

夫婦は互いを補い合い、互いの姿を投影し合っている

整然たる秩序によって成る対立の関係は、私たちの生きる社会においては夫婦関係が代表的です。

もともと他人であった男女が縁あって結ばれたのが夫婦。

性格も性質も異なる二人が、互いに相手を必要とし、必要とされるよう努力をし、生活を共にするのが夫婦です。夫婦の道は、陰と陽の心が一致して、和となり愛と

してみのり、結ばれて固い絆となる姿が理想です。

YouTubeで情報配信を始めた友人が、「動画の撮影を奥さんに頼んだとき、夫婦のあるべき姿が見えた」と教えてくれました。

私（友人）「近くでやっているドイツのクリスマスマーケットを取り上げたいんだけど、動画の撮影を手伝ってくれない？」

妻「いいけど……クリスマスマーケットの何を伝えたいの？　食べ物？　飾り？全体の雰囲気？」

私「うーん。食べ物……かなぁ？」

妻「じゃあ、食べ物の何を伝えるの？」

私「味とか特徴をうまく伝えられれば……」

妻「ドイツのクリスマスマーケットはいろんな魅力があり過ぎるくらいだから、

数回に分けて配信しなよ。全部いっぺんにやったら、情報が多くてわかりづらいよ」
私「うーん、それもそうだね……」
妻「それに、伝えたいことが自分の中で明確になっていないと言葉にできないから、もっと下調べが必要じゃない？　台本みたいなものをつくってから撮影しないと、魅力が伝わらないと思うよ」

かなりグサグサ心に突き刺さるアドバイスばかりでした。
思い立ったら手当たり次第にというタイプの私は、細かいことは考えずに行き当たりばったりの行動をとりがちです。計画を立てるのは大の苦手……。そこで、妻に心のうちを正直に話しました。

私「俺は演じるのは好きだけど、プロデュースしたり、企画を組み立てるのが苦手だから……下調べとか台本とか、一緒に考えてくれないかな」

妻「いいわよ。私、そういうの得意なの！　あなたはいろんなことに手をつけて、突っ走る能力はあるけど、具体性に欠けるところがあるのよね。

でも、私には最初に手を挙げて先陣を切って進んでいく勇気がないから、その行動力はすごいと思う……」


私の良いところも悪いところも、しっかりわかってくれていました。

そして、お互いに足りないところを補い合っているんだなとも感じることができました。だから惹かれ合ったんだなぁとしみじみと感じました。

これからは妻に台本の相談をしてから、動画制作にあたろうと思います。


夫婦は陰と陽が向かい合った、一組の鏡にたとえられます。

相手を責める気持ちが生まれたとき、それは自分自身のコンプレックスや嫌な部分を、相手が映し出しているのです。別の友人夫婦の話をもう一つ。

ある時期、夫がずっとイライラしていて、暴言を吐かれたり、罵られたりしたことがありました。

「だらしない。掃除ができてない。時間の使い方がヘタくそ」

そんな言葉を聞く度に暗い気持ちになり、スマホで「モラハラ、言葉のＤＶ、離婚」といったワードを検索する日々……。

なぜ夫とうまくいかないのか。なぜ自分が責められるのか。悶々としていたある日、突然ハッとしました。

「あれっ、彼が使っている言葉って……私が私に向かって言ってることじゃない!?」

そう、無意識のうちに、自分で自分を責めていたことに気がついたのです。

思い返せば、以前の夫は、自分のことを褒めてもいました。

「大らかなところが、安心できるよ」とか「一つのことに集中すると、時間を忘れたようにがんばるよね」とか。

なのに、その度に私は、「いやいや、そんなことないでしょ。だらしないだけ」「そんなに褒めないでよ！　時間の使い方がヘタだってこと、わかってるんだから」

そうやって自己否定の言葉で返していたのです。

自分で自分のことを認めてあげられなかった。

今の夫は、鏡となってそれを映してくれていたのです。

自分を責めると相手にも責められる。

「デブ、だらしない、ブス、汚い、効率が悪い……」

私は、自分で自分を認めることができていませんでした。

旦那さんの暴言の原因は、仕事関係やストレスなど、他のところにもあるかもしれません。しかし、

「まずは自分を大切にすること」

という学びを、彼女は旦那さんとの夫婦関係の中で得ることができたようです。

自分を責めると相手にも責められる。そして、相手を責めると自分も責められる。でも、自分が考え方を改めれば、相手の気持ちもこちらに合わせて改められる、ということです。

こうして夫婦は仲良くなっていくものであり、相手を正そうとするのは原理原則に逆らうことになります。

相手を変えようとするのではなく、ただ自分を磨いていきましょう。

子どもは親にメッセージを送っている

子どもというものは、顔形から立ち居振る舞い、話し方から癖に到るまで、親によく似るものです。

子どもは親のありのままの姿を映す鏡です。

言うことを聞かなくても、子どもを責めてはいけません。原因は親にあると自覚して、自分の言動や心持ちを改めることが重要です。

僕の友人家族のエピソードです。

原則5 相手は自分の映し鏡

〜 相手を変えるな！ 自分を磨け！

ある休日の午前中、小学校に上がったばかりの息子のひらがなワークを一緒にやりました。

いつもは妻も一緒なのですが、今日は初めて、息子とマンツーマンレッスンです。

書いて失敗、書いて失敗、書いて失敗。

うまくいかなくなると、気が散ったり、ときには大騒ぎするのは知っていましたが……。

この日もイライラしてわざと雑に書いたり、エンピツや消しゴムに当たり散らしたり。しまいにはソファーの上で暴れ始めました。

「ちゃんとやれ!!」

口の先まで出かかりましたが……ちょっと待てよ？

ちゃんとやれ!! と怒鳴ってしまったら、「自分はちゃんとしてないんだ」と息子は受け取ってしまう。その言葉どおりのちゃんとしない人間に育ってしまう。否定するのはやめよう。

それよりも……ちゃんとやってないのは、俺自身じゃないのか？

読みかけていた本を傍らに置き、息子がワークに取りかかると、私はパラパラと本を読み進めていたんです。ひらがなの練習をする息子に、真剣に、本気で向き合えていなかったんです。

息子はそんな私の態度や気持ちに素直に反応していただけなんです。

すると、職場での同僚とのやりとりまでもが頭の中に蘇ってきました。

都合が悪くなったら話をそらしたり、自信がないときは曖昧な表現で逃げたり、余計な一言を付け加えて笑いに変えて誤魔化そうとしたり。

真剣に取り組んでいる仕事のときですら、ときどき気恥ずかしくなり、オブラートに包むかのような会話をすることがありました。

息子は私の姿を鏡のように映し出して、「それじゃダメだよ!」と教えてくれたような気がしました。

息子と宿題を一緒にやっただけで、人生が変わるような気づきを与えてもらいました。

そこからは本をしまい、真剣に息子とひらがなワークに取り組みました。そして、午前中丸々かけて宿題終了!

息子も私の気持ちに応えるかのように、真剣に集中して宿題に取り組んでいました。

子どもは全てわかっています。

大人と比べて、赤ちゃんや子どもは圧倒的に人生経験が少ないです。しかし、親に対する想いや直感力は、人生経験が豊富な大人以上に強いのかもしれません。

例えば夫婦喧嘩をしていると、隣の部屋で寝ていた赤ん坊が夜泣きし始めることがあります。

親がイライラしていたり、焦っていたり、急いでいたりするときにかぎって、子どもは不始末や粗相をしたりします。

自分が子どもだったころを思い出してみてください。
親が喧嘩をしていたら、ソワソワしませんでしたか？
親がイライラしていると、なんだか不安に駆られませんでしたか？
どうしたら良いかわからないけど、なんとか今の状況を良くしようと考えていませんでしたか？

原則5 相手は自分の映し鏡
〜 相手を変えるな！ 自分を磨け！

子どもは大人よりも鋭い感性で、親の気持ちを直に感じ取っています。

親と心が繋がっているので、親の状態がそのまま子どもに反映されます。


親がマイナスのエネルギーを持っていると何が起こるのか？

子どもがそのマイナスのエネルギーを吸い取り、状況を良くしようとします。


それが泣くことであったり、ときには体調を崩して親にサインを出します。


お父さんが育児を手伝ってくれない。

お母さんは、そんなお父さんに常にイライラしてストレスが溜まっている。

子どもがいることは幸せなことなのに、子どもがストレスの原因だと錯覚している家族がいます。

そんな状況で、子どもは親を助けようとします。

家の中に漂う負のエネルギーをなんとかしようと一生懸命になり、自分の体に吸い込みます。

結果、子どもは体調を崩すのです。

風邪だったり、皮膚にアレルギーが出たり。それは私たち親がつくり出した家庭環境や人間関係から出た膿なのかもしれません。

教育も同じです。

必要以上に親が子どもの心配をすると、子どもはのびのびと生活できなくなります。

良い成績を修めたり、家の手伝いをよくする〝いい子〟を期待すると、子どもは期待とは違う方向に向かってしまいます。

当然のことながら、親には子どもがなぜそうなるのか、原因がわかりません。

親が心配すればするほど、期待をすればするほど、子どもは親の想いを敏感に感じ取ってしまいます。その想いに応えようと親の顔色を伺い、親の喜ぶ行動を選択してしまうのです。

心と行動に矛盾が生まれ、それが積もり積もった結果、子どもはケガをしたり、体調を崩してしまうのです。

親は子どものことを見ているようで、案外見ることができていません。
子どもが思うようにいかなくても、信じて受け入れ、待つのです。

言葉にはしなくても、親が負の感情を持った時点で子どもに伝わります。
親と子の心は繋がっています。

自分の生活を今一度見直してみることが大切です。
子どもに何か起きたとき、自分自身に原因がないか、必ず振り返ってみましょう。
子は、親の心の状態を忠実に実演する名優なのです。

親と繋がり、自分と繋がる

自分のやっていることに意味を見出せなくなったり、進むべき道に迷ったりした

ときには、

「そもそも、誰のために、なんのためにやってるんだっけ……？」

と、自分を客観的に見つめ直しましょう。今は進むべき道から外れていたとしても、すぐに元の道に戻ることができます。


自分という一人の人間について考えたとき、もっとも大切な、自分の命の根元は両親です。

「親孝行するべき」というのは、親が優れているからではなく、自分自身を存在させてくれたからです。それ以外の要素はまったく関係ありません。


蓄電池は、いつかエネルギーがなくなってしまいます。でも、コンセントに繋がり発電所と繋がれば、また動き出すことができます。

親と繋がるということは、まさに大きな発電所と繋がること。宇宙を創っている感謝と愛の無限のエネルギーと繋がることなのです。

僕の友人、心のケアリスト 松本愛理さんが自身のエピソードを語ってくれました。

私の母親は2回離婚し、3回結婚しています。5人きょうだいで、長女の私には3人のお父さんがいます。

私の最初の苗字は松本です。

次が、阿部。

そして、小谷になりました。

でも私には、血の繋がった父親、松本パパの記憶がありません。弟と妹たちの実の父親、阿部パパをずっと自分の父親だと思い育ってきました。

実の父親の存在を知ったのは中学2年生のころ。2回目の離婚のタイミングで母がカミングアウトしてくれました。

おもむろにペンと紙を取り出した母は、複雑に絡み合う家系図を書き私に言いました。

「あんたはこんだけの人たちに育てられて、こんだけの人たちに愛されて育ったんだよ。自分を可哀想と思ったらいかんよ！」

弟や妹たちと父親が違うことは悲しいことではなく、たくさんの人に出会い育てられてきたことに感謝しなさいと言われたんです。

中学生ながらに「本当にそうだな」と、そのとき腑に落ちた記憶があります。

それから10年以上の時が経ち、実の父親である松本パパが、がんだと連絡がありました。いきなりのことで、しかも自分の記憶にもない実の父親に会うのは正直怖かった……。

でも、人生で一番の勇気を出して会いに行きました。

初めて松本パパに会ったとき、「あ、お父さんだ」とわかる安心感がありました。とても不思議な感覚でした……。

私が3歳になるまで可愛がって育ててくれたこと。母との離婚で私と離れるのがつらくて、母には内緒で、母が再婚後に住んでいた家の近くに、自分もこっそり住んでいたこと。

父からいろいろな話を聞いて、私はずっと愛されていたことを知りました。

父に再会したのはそれから1年後。

危篤状態の父は、息も絶え絶えに、

「あいり、ありがとう」と言ってくれました。

私は父に何もしてあげられませんでした……。

でも、父は私にたくさんの愛情をかけ続けてくれました。

そして、父は教えてくれました。私はたくさんの人たちに、たくさんの愛情を注がれながら育ててもらったということを。

「あんたはこんだけの人たちに育てられて、こんだけの人たちに愛されて育ったんだよ。自分を可哀想と思ったらいかんよ！」

あのときの母の言葉がより深く、私の心に響き渡りました。

私は松本愛理です。

私は阿部愛理です。

私は小谷愛理です。

今こそ両親と繋がるとき……心のケアリストとして人生の再出発をすることを心に決めた日、母に会って自分の名前の相談をしました。

「松本愛理にしなさい。あんたの本当の名前だから大事にしなさい」

母が決めてくれました。

心のケアリスト 松本愛理として、YouTube、ブログでの情報発信を始めました。

やっと……両親と繋がることができました。

私、松本愛理は、両親からもらったたくさんの愛情を、心のケアリストとして多くの人にお裾分けしていきます。

そして最高のパートナーと出会った池愛理としても、家族に大きな愛情を注いでいきます。

リーダーと心を合わせて、強い組織をつくる

経営者と社員は対立関係にあります。

経営者は、社業の発展のために社員に命じて事業を進める陽の役割を担い、社員は経営者の命令に従って職務に従事する陰の役割を担います。

経営者と社員の間に対立と協調があることで、企業の目的＝発展が達成されます。目的の達成には強い組織づくりが必要です。メンバーそれぞれが自分の役割を知り、役割に徹し、役割を超えないことが大切です。

役割を知るとは、それぞれの立場、職務を正しく理解することを指します。自分自身がどのような立場で何をするべきなのかを理解する必要があります。

「そんなことは初めて聞いた」
「そんなことを誰が決めたんだ」
「急に言われてもそんなことは無理」

責任を他人になすりつけるような発言が飛び出すと、組織の崩壊に繋がります。立場の自覚は責任感に繋がり、責任を自覚するからこそ、その職務を全うすることができます。

立場や職務を十分に理解したら、その役割を果たすべく徹底して取り組みましょう。役割に徹するとは思いを込めることであり、中途半端な取り組み方をしていたのでは、成果は上がりません。

そして、役割を超えないとは、それぞれの領分を侵さないということです。出過ぎてしまうとメンバーのやる気を損なったり、トラブルの元となります。他人のことを気にする前に、まず自分自身の本分を全うしましょう。

組織によって役職の定義は異なりますが、強い組織には大きく三つの役割を担うメンバーが存在します。

一つ目の役割が、壮大なアイデアという大風呂敷を広げるリーダーです。

会社の役職であればＣＥＯであり、事業であればプロジェクトリーダーにあたります。成り行きではなく、現状では到底たどり着けそうもない新たなゴールを指し示し、メンバーを率いていくパワーが求められます。

二つ目の役割が、仕事のアイデアを形にして実行に移す、リーダーを支える名参謀です。会社の役職であれば、日々の業務執行の責任を請け負うCOOであり、リーダーと現場メンバーを繋ぐナンバー2の存在です。

リーダーの仕事がアイデアをゼロから1にすることならば、ナンバー2の仕事は、その1を100にすることです。リーダーの側近として一緒にアイデアを組み立て、それを実行可能な戦略に落とし込みます。現場メンバーと繋がってチームマネジメントすることで、事業全体を牽引して成功に導きます。

三つ目の役割が、現場メンバー。ナンバー2の指揮のもと、事業を具体的に進めていく実行者です。

原則5 相手は自分の映し鏡

～ 相手を変えるな！ 自分を磨け！

僕の会社、東京カモガシラランドであれば、リーダーは僕、鴨頭嘉人です。

僕は自他共に認めるアイデアマンなので、ビジネスのアイデアがバンバン思いつきます。でも、そのアイデアを形にするのは僕ではありません。実行に移すのは僕ではありません。

僕の想いを形にしてくれているのは、ナンバー2であるヒロキング（佐藤弘樹）です。

ヒロキングは、僕が提案するアイデアを面白がって受け入れてくれます。実行困難なものも当然あるのですが……その価値を感じて、ときには価値を探し出して「いいですね」と背中を押してくれます。

ヒロキングは僕の一番の理解者です。彼は僕が会社を立ち上げた当初からずっと僕の側にいてくれている相棒です。

２０１２年９月３日にYouTube動画をアップロードし、24時間経って再生回数はたったの３回。そのうちの２回は僕とヒロキングでした。でも僕とヒロキングは言いました。

「やった‼　いける‼」

自分たち以外に１人、動画を見た人がいた。これはいける！

最初の２年間、１日の平均チャンネル登録者数は０・５人でした。それでも僕とヒロキングは、「いける！」って信じていました。

それから５年後に僕のYouTubeはブレイクの時を迎え、信じて信じて信じ抜くことの価値を、僕たちは共有してきました。

11年間苦楽を共にしたヒロキングを見ていて、僕は最近思うことがあるんです。

「俺たち、似てきたな」

タイプはまったく異なります。僕は誰かに止められることがなければ、ずーっと喋っていられます。黙っていることがストレスになります。

でも、ヒロキングは違います。必要なこと以外はまったく喋りません。1日オフィスに一緒にいても、ヒロキングから話しかけられることはまずありません。

僕が似てきたと感じるのは、経営感覚です。

広告を打つタイミングやそれにかける費用、研修の実施可否や集客見込みの数字など、僕の意見とヒロキングの意見が一糸乱れずピタリと重なるようになってきたんです。

僕の判断＝ヒロキングの判断となった今では、現場がより円滑に回るようになってきました。

会社のナンバー2であるヒロキングの指示のもと、東京カモガシラランドのメンバーは個性を最大限に活かしながら、それぞれのフィールドで活躍しています。

ショウ（平川翔）は、ズバ抜けたコミュニケーション能力を活かして、地方講演や年に一度の大イベント「働き方革命（前・私は自分の仕事が大好き大賞）」を陰で支えるボランティアスタッフのまとめ役をしてくれています。

ユミ（齋藤優美）は、きめ細かな気遣いで、僕の出張の手配やYouTubeの撮影と編集、商材の開発をしてくれています。

タカ（山田貴規）は、誰よりも素直な心で、楽読事業立ち上げ支援と「話し方の学校」の事務局の統括をしてくれています。

ユカ（板倉由果）は、優しい心で会社の窓口となり、お客様の対応を一手に引き受け、僕が主催する講座の事務局を担当してくれています。

テラ（寺尾祥之）は、みんなに愛され（いじられ⁉）ながら、誰よりも早く出社して事務所の掃除や、他のメンバーの目の行き届かない細かな仕事を全部引き受けてくれています。

その他にも、「話し方の学校」の講師・事務局メンバー、鴨ブックスの編集部メンバーなど、たくさんの現場スタッフに支えられながら東京カモガシラランドは成り立っています。

会社経営で大切なことは、ズバリ「心を合わせる」こと。
リーダーとナンバー2が心を合わせ、ナンバー2と現場メンバーが心を合わせ、そしてメンバー全員が心を合わせることで、同じ方向を向いて進むことができるのです。

原則6

軸をブラさず、柔軟に変化する

〜変えるものと
変えないものを見極める

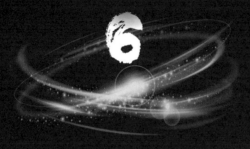

変化興亡、激動の世の中では、
変えなければならないことは変えるべきです。
その一方で、変えてはならないものは
決して変えてはいけません。
「変わること」と「変わらないこと」の
相反する二つが統合され、
バランスが保たれたときに、
不断の進行を続けることができます。

絶対に変えることのないポリシー、「遊ぶように働く」

独立してからの4年間、僕の会社は毎年赤字経営でした。ただし、赤字ながらも、少しずつ成長は続けていました。

5年目に黒字転換してからは急成長。その後3年で年商8000万円に到達し、次の年には2億円を超え、今では年商10億円を突破しています。

東京カモガシラランドが11年間成長を続け、劇的な変化を遂げている理由はただ一つ。

原理原則に従った会社経営をしているから。

世の中の流れに抗ってはいけません。変えなければいけないことは変えるべきです。

独立当初は講演家として全国を飛び回りながら活動していました。企業さんから直接声をかけていただけるようにもなり、企業研修を行うようにもなりました。講演・研修を実施してきた経験を伝えて、講師を育てるプログラムも開発しました。

けれども、時代の流れがオフラインからオンラインに切り替わる気配を感じ、僕は講師を育てることをきっぱりとやめました。

会場を用意して人を集めるリアル講師ではなく、YouTubeで情報発信をするビジネスYouTuberを育てる学校を開講しました。

原則6　軸をブラさず、柔軟に変化する

〜 変えるものと変えないものを見極める

情報発信のやり方も、ブログからメールマガジンへ、そしてFacebook、LINE@、Twitter、Instagram、TikTokと、時代の流れに沿ってどんどん変えていきました。

しかし、変えてはいけない軸は絶対にブラすことはしませんでした。

創立以来、東京カモガシラランドには変えることのないポリシーがあります。

これは僕が個人としても大事にしている働き方です。それは、

「遊ぶように働く」。

独立してからずっと、僕は今も変わらず思っていることがあります。

「働いている大人が、遊ぶように楽しそうに働いている姿を見せることが、子どもたちにとっての最高の教育である」

仕事を遊び化することは、全ての働く大人が今すぐやれることでもあり、日本の働き方改革のテーマだとも思っています。

僕は、社員がしかめっ面で働いていると、本気で怒ります。

「そんな、しんどそうな顔してやるなら、仕事なんて辞めちまえ！　楽しくなければ仕事じゃないってことを、証明するのがうちの会社の使命なんだ!!」

社員が眉間にしわを寄せながらパソコン作業をしていると、

「殺人鬼みたいな顔でキーボードを打つのはやめろ！　パソコンに恨みでもあるのか？」

その一方で、社員が楽しそうに働いていても怒ることがあります。

「遊ぶように遊んでるんじゃねー!!」

原則6 軸をブラさず、柔軟に変化する
～ 変えるものと変えないものを見極める

最初はみんな、ポカンとしていました。

（え？　楽しく働いてるのに何がダメなんだろう？）

働くということは、お客様に喜んでもらうこと。

遊ぶということは、自分たちだけが楽しんでいること。

楽しく働いているつもりでも、お客様のことを深く考えていないと、ただの遊びになってしまいます。

お客様が喜ぶことを考えるあまり、ただただ必死に働いていると、遊ぶような楽しさは生まれません。

必死に働いたり、ただ遊ぶということは簡単です。

「遊ぶように働く」ということは、実は難しいことなんです。

東京カモガシラランドでは、お客様が喜ぶことを考えて、自分がワクワクしながら働くプロの働き方を追求し続けています。

東京カモガシラランドが11年間成長し続ける理由①
社員の管理は一切しない

僕はいつも思っていることがあります。

原則6 軸をブラさず、柔軟に変化する
〜 変えるものと変えないものを見極める

「世間一般の常識は、ほとんど原理原則から外れてしまっている」

僕は、「遊ぶように働く」ことを軸として、原理原則にのっとった会社運営をしています。だから、世間一般の常識からかなりかけ離れて見える規則を採用しています。

でもそれが、東京カモガシラランドが11年間成長し続けて、企業として圧倒的な伸び率を達成している理由だと思っています。

僕が大切にしている規則は大きく三つあります。

一つ目が、「社員の管理をしない」。

まったく社員を管理しない会社です。

例えば、社員の出勤日は決まっていません。いつ誰が会社に来ているのか、僕はまったく知りません。そして、社員同士もよくわかっていません。

僕が出社して、「今日、ヒロキングっているの？」と社員に聞くと、「たぶん」という答えが返ってきます。

お昼を食べに行くときは、Facebookのグループチャットに、「今からお蕎麦食べに行くけど、一緒に行く人〜？」とメッセージを流すと、近くのカフェで仕事をしていたヒロキングが、「行きまーす」と返してきて蕎麦屋さんで合流します。

日によっては3人、日によっては5人、日によっては社員以外の仲間も混じり、大人数で食事をすることもあります。

出勤時間も決まっていません。だから、出勤日と出勤時間を自分で決めなければいけない会社です。

管理はまったくありません。なぜかというと、管理をしないでいると生産性が上がるからです。

僕は、管理は何も生み出さないって思っています。

社員が何時に出社するのかを管理すれば、売り上げは上がるでしょうか。
お客様は幸せになるのでしょうか。

まったく関係がないと思うんです。むしろ逆だと思っています。
管理とは、人の心をぎゅうぎゅうに絞り、エネルギーを奪います。
管理とは、何も生み出さず、逆に無駄な時間をつくり出す要因だと思うんです。

「管理なしで会社がボロボロになったらどうするんだ」
と疑問に感じる方もいらっしゃると思います。

だから僕は、「管理をしない」という「実験」をしています。

管理をしないことによって、会社がボロボロになったら管理をしようと思っています。

でも、今のところ、11年間業績は伸び続けています。一度もとどまることなく成長し続けています。

「社員が少ないからだろ」

そうかもしれません。常駐の正社員は6人です。

「話し方の学校」の講師・事務など、外部委託のスタッフが10名ほどいて、さらに「鴨×楽読スクール」が全国展開にともない、大人数になってはいくでしょうが……。

でも、僕は人数にはこだわっていません。

スタッフたちの心が豊かになるかどうかを大切にしています。

社員は、心がつらくなる時間が少ないほうがいいに決まっているんです。管理されずに、自分で自由に働く時間を決めれば、生産性の高い仕事ができます。

社長である僕は、管理された社員がつらそうにしている姿を見なくてすむんです。僕は、管理をする時間があったら、宇宙一のカミさんとデートします。そのほうが、断然、心が豊かになります。

管理は、する側もされる側もつらいんです。だから、会社のみんなの心を豊かにするために、社員の管理はしていません。

企業の管理職の悩みの多くは、部下のモチベーションが上がらないことだそうです。でも、そうなるのは当然です。

モチベーションが下がっている部下を見て、上司はより強固に部下の行動や成果を管理するようになります。

部下は管理されすぎることによって、心が窮屈になっていきます。

原理原則から外れることによって、負のスパイラルが起きているんです。

悩む必要はありません。ただ信じればいいんです。大丈夫だって。

これは子育てと同じです。子どもが自信を失う理由はたった一つ。

「親が心配をするから」。

「子どもの心配をするのが親の仕事」とよく耳にしますが、僕は大きな間違いだと思っています。

子どもたちは、僕ら大人よりも心が澄みきっていて、直感を信じ、原理原則に素直に従って生きています。
僕ら大人が教えることなんて何もありません。

僕らがしてあげられることは、信じること。
そして、度がすぎて周りに迷惑をかけてしまったときには、親の責任としてその子と一緒に謝ることです。

会社経営でも子育てでも、全てにおいて大切なのは原理原則に従うこと。
つまり、心を良い状態に保つこと。

うちの会社は、これからも社員の管理をせずに、どこまでいけるか実験し続けようと思います。

東京カモガシラランドが11年間成長し続ける理由②

会社の情報は包み隠さず全公開する

二つ目は、「情報全公開」。

僕が知っている情報と、社員が知っている情報は同じです。
外部委託のスタッフも同じ。そして、お客様も同じ情報を共有しています。

例えば、僕が運営する三つの有料オンラインサロンの収益は月に約1000万円。年間1億2000万円のその収益を、そっくりそのまま広告費に投入しています。

世界を変える良い情報を撒き散らすコミュニティ「Team Kamogashira Japan」。ビジネスでの成功を追求したコミュニティ「鴨Biz」。話し方の学校の卒業生だけが入ることができる「話し方の学校 大学院」。

全サロンメンバーにも、僕はこの数字を含めて会社の経営戦略を公表しています。

「あなたが払ってくれている会費は、全て広告費に使っています。つまり、まだ鴨頭嘉人に出会っていない人と繋がるために、あなたのお金を使わせてもらっています」

社員だけではなく、お客様にもこのように説明しているのです。

それだけではありません。YouTube動画でも情報を公開しているので、世界中の人たちが、僕の会社の経営戦略を知ることができます。

東京カモガシラランドは、一部上場企業ではありません。情報公開をする義務はまったくないのですが……ただ公開したいのでしています（笑）。事務所の壁に、売上目標とそれを達成するための戦略を貼り出しているくらいです。

お客様からいただいたお金を、何にどのように使っているかを明確にするのは大切なことだと思っています。

日本人はお金に対するメンタルブロックが強いので、経済的にうまくいっている人を見ると、どこかで悪事を働いているのでは？　と疑ってかかる傾向にあります。

うまくいっているのは、原理原則に従っているからです。

何も隠すことはありません。
戦略を真似されたら困るということもない。むしろ真似してもらえたらいいのに、と思っています。

お金に対するメンタルブロックで雁字搦めになり、原理原則から外れた間違った行動を子どもたちに伝え、ただ不安を煽っている。それが今の世の中です。

僕はそれをひっくり返そうと思っています。

情報公開しているのはお金のことだけじゃありません。
東京カモガシラランドが提供しているサービスも広く公開しています。

高額講座の「話し方の学校」や「鴨塾」、「ビジネス実践塾」から授業の一部を、

YouTubeを使って無料で全世界に向けて配信しています。

以前、講演会の内容をノーカットでYouTubeに公開したとき、知り合いから、

「無料で公開するなんてどうかしている。お客さんが来なくなるぞ！」

と忠告を受けました。

ところが、無料で情報公開した結果、どんどんお客様は増えていきました。


それはなぜか。

原理原則に従った行動だからです。


人は確認作業をしたうえで購買行動をとります。


なんの情報もないのに、いきなり商品を購入することはありません。

どんなものなのか、自分にとってどんなメリットがあるのか、デメリットはなんなのか。

さまざまな情報を得てから、気に入った商品を購入します。

想像してみてください。大好きなアーティストのライブで、披露される全ての曲が新曲だったら、あなたは嬉しいですか。

最初の1〜2曲ならまだしも、全部知らない曲だったらガッカリしませんか。

聴いたことのある曲、思い入れのある大好きな曲を生で聴けるから、ライブは感動するんです。

僕の講演会でも同じことが起きていたんです。

YouTubeを見てくれて、「生で鴨さんに会いたい!」と思い、講演会場に足を運んでくれるんです。

「鴨さんから学びたい!」と思ってくれた方が、「話し方の学校」や「鴨塾」の講座に申し込みしてくれるんです。

情報を公開することで、僕にとっても、お客様にとってもプラスになっているんです。

だからこれからも、持っている情報は包み隠さず、どんどん公開しながら走り続けます。

東京カモガシラランドが11年間成長し続ける理由③
お客様第一ではない！まずは自分のことを大切にする

三つ目は、「自分のことを第一に考える」。

一番身近な人から大切にしていく。これが原理原則です。

この順番を間違えずに、そのとおりに行動しているのが東京カモガシラランドです。

自分に一番近い人は、「自分自身」です。だから、一番大切にすべきは自分。

「自分なんか最低だ……」と思っている人が、周りの人を幸せにすることはできません。

自分自身を受け入れ、認めるところがスタート地点です。

それができて初めて、人間関係に入ります。

次に大切にするべきは妻あるいは夫。そして親と子どもです。

自分の次に家族。この順番も大切です。

人は嫌なことを避け、そこから逃げようとします。中でも一番つらく、避けて通りたいのが身内の問題です。だからこそ、家庭の問題から逃げることなくきちんと対峙して、起こった問題を黙って受け止める。その〝度量〟を持つことができれば、会社で起こった問題ぐらい容易に受け止められるようになります。

トラブルは、互いの人間性が同じレベルだから起こるのです。どちらかに、相手を受け止める〝度量〟があれば、トラブルは発生しません。

自分を磨くためにも、横の繋がりである「夫婦」、そして縦の繋がりである「親子」の関係を大切にしましょう。

自分自身が整い、さらに家庭環境が良好になって初めて、周囲に目を向けましょう。

友人、社員、そして顧客、地域、社会の順に大切にするのです。

でもどうでしょう？　ありがちなのが、順番を飛ばしてしまうこと。

「日本の社会のために！」と志は高いけれども、会社での人間関係はボロボロ。「会社でもっともっと活躍したい！」と一生懸命になっているけれども、夫婦関係が劣悪。

自分に近い存在と良好な関係でいないと、その先にはうまく進めなくなります。

2019年に月1回、全国各地で実施していた「灼熱のライブ」というツアー講演会で、ヒロキングは九州、沖縄、北海道に家族を同行させていました。

そういえば、佐賀での「灼熱のライブ」は1泊の予定だったのに、「ホテルがすごく気に入ったので、もうちょっと泊まっていきます」と、ヒロキング一家だけが3泊して帰ってきました。

講演会場のスタッフとの打合せがあるからと、ヒロキングと翔が沖縄に飛び立ったこともあります。家族を連れて（笑）。

打合せだけなら、一人で十分。なんなら、今の時代はZoomでやりとりもできますが……。

全然OKです。問題ないですよね。

家族と楽しい時間を過ごして、自分の心が豊かになる。家族が笑顔になる。

それができて初めて、しっかりと仕事に取り組めるんです。

原理原則どおり、あるべき姿だと思っています。

原則6 軸をブラさず、柔軟に変化する

〜 変えるものと変えないものを見極める

東京カモガシラランドは、原理原則しか考えていません。

世間一般の常識は、ほとんど原理原則から外れています。

だから、世間一般の常識からどれだけ離れて、原理原則に従っていくのか、そればかりを考えてる会社です。


心が先、現実は後だからです。

うちの会社は、とにかくみんなの心が良い状態であることだけを考えています。

それ以外は枝葉でしかありません。


もっとも大切にしているのは「心」なんです。

世の中の非常識を貫き通した会社経営の行く末は……

僕はマクドナルドで25年間働いていました。

東京カモガシラランドとは正反対のことを、25年間やってきました。

マクドナルドは完璧な管理型の企業でした。

従業員の動きはタイムカードの履歴で管理し、書類に起こし、その全てをチェックするのが管理職の仕事でした。

細かい業務チェックリストが30個近くありました。

それらを全部なくしてしまったら、本当に会社は成り立たなくなるのか？　それを知りたくてチャレンジしたところ……11年間うまくいっています。

マクドナルドはあまり情報を公開しない企業でした。確かに、全てを公開するとリスクが高まるので、ある程度のところまでは公開し、ある一定のところからは隠すというスタンスでした。

だから、それも、全部公開したらうまくいくかどうかチャレンジしたくて、やってみました。

すると、11年間、会社は伸び続けました。

もっとも大切なのは株主であり、次にお客様だとマクドナルドでは教わりました。
正反対のことをやってみたらどうなるだろうと思って、やってみました。
11年間伸び続けました。

マクドナルドが悪い会社だと思ったことは一度もありません。
すごい会社だし、僕はマクドナルドが今でも大好きです。
僕が今こうやって活躍できているのは、マクドナルドで鍛えてもらったからです。

でも……これから伸びるのは、うちの会社だと思っています。
人の心で全てが決まる時代がやってきたと、僕は感じています。

心が先で、現実が後なんです。
社員の心の状態が良ければ売り上げは上がります。利益は出ます。

どこまでも人を管理して、どこまでもルールで縛って、そして会社を伸ばすなんてことは、僕にはできないと思いました。

でも……、

とにかく明るい気持ちで働こう！
とにかく明るい会社をつくろう！
とにかく明るく社会を照らすパワースポットになろう！

これならできると思いました。
そう思って、11年間やり続けてきました。
すると、とんでもなく素晴らしい会社ができあがりました。

私たちはついつい管理しようとしてしまいます。
他人のことを、信じられないからです。
他人を信じようとする自分のことを、信じられないからです。

でも……人と自分を信じられるようになれば、絶対にうまくいく。
そうすることで、心は希望でいっぱいになるからです。

僕は全てうまくいくと信じて、これからもやり続けます。
とにかく明るい心のチームがあります。これほど心強いことはありません。

うちの社員は素晴らしいです。

僕は、この11年間ずっと、「少ないチーム」で動いてきました。
最初の7年ほどは、ヒロキングと二人三脚の日々でした。
ですが、ここ数年、特にこの1年で一気に社員を増やしました。

人が増えたからといって、管理はしません。

僕がやることは変わりません。

信じることです。

ヒロキングほど僕のことを理解してくれている社員はいません。
ショウほど可愛い社員はいません。

タカほど素直な社員はいません。
テラほど一生懸命な社員はいません。
ユミほど今までつらかったことを幸せに転換できることを証明できる社員はいません。
ユカほど優しい心を持った社員はいません。

僕はこれからも、最高の仲間と最高の会社づくりをやり続けます。

原則7

環境に感謝する

〜 環境を整えることで人生を創造する

「物」が存在するためには、
必ずその物を収める「場」が存在します。
「物」は「場」があるからこそ存在できるため、
「この場がもっとも良いところ」と感謝することにより、
「物」が活きてくるのです。

人は環境に影響を受ける

武道では礼儀を重んじます。稽古をつけてくれる指導者や先輩、自分を向上させてくれる対戦相手に「お願いします」と敬意を表し、終わると「ありがとうございました」と感謝し、頭を下げます。

形式的なことですが、反復によって心身に刻みこむのが武道の稽古です。修練を積み重ねると人は謙虚になり、他者やさまざまな事象に対する思いやりの心を忘れなくなります。

「礼」という型に自分を押し込むことで、ややもすると失いがちな理性を取り戻すこともできるのです。

剣道や柔道、空手などの武道は一対一での対戦となり、技の未熟さや心の未熟さがケガやトラブルの元ともなりかねません。そして、試合はあくまでも競技ではあるものの、試合が佳境に入り動きが活発になってくると、感情や闘争本能を抑えることが難しくなります。

けれども、「礼に始まり、礼に終わる」という規律からブレることなく、日々の稽古から礼儀を重んじられていれば、試合がどのように展開しようと、感情や闘争本能をコントロールすることができるのです。

礼儀を尽くして技や心をコントロールし、相手への敬意を表すことによって自分をコントロールできるようになることが、武道の目指すところです。

武士道から始まった日本の伝統的な競技種目である武道の目的は、技術の習熟のみならず人格形成にあります。そして、人格形成に欠かせないのが、思いやりや感謝の気持ちを持つ謙虚な心構えであり、「礼」という作法なのです。

礼に始まり、礼に終わる武道ですが、最初に礼をする相手は「道場」です。道場とは鍛錬の場であり、自分を見つめて心身を向上させる人格形成のための重要な空間です。

剣道や柔道など武道の稽古の際には、必ず礼をしてから道場に入ることで、「これから使わせていただきます」という感謝の気持ちを呼び起こすと言われています。

「場」に対する敬意は、武道から始まり各所に広まっています。

例えば、プロ野球のキャンプインの際には、神主のお祓いの後、グラウンドに塩を撒いて鍛錬の場を清めることから始めます。

家を建てる前には地鎮祭を行い、居住する地域の神様を鎮め、土地を使用する許可を得ることで祟りを防ぎ、工事中の安全を祈ります。

「場」がなければ物は存在することができません。

「場」がなければ自分を鍛え、磨くことはできません。

「場」に対する感謝の気持ちを持つことで、自分が自分一人の力で生きているのではなく、生かされていることに気づくことができるようになります。

環境を整える
〜部屋の整理は、心の整理

サッカー元日本代表主将の長谷部誠選手は、自身の著書『心を整える。勝利をたぐり寄せるための56の習慣』（幻冬舎）の中で、整理整頓をメンタルコントロールに使うことを紹介しています。

ドイツには「整理整頓は、人生の半分である」ということわざがある。日頃から整理整頓を心がけていれば、それが生活や仕事に規律や秩序をもたらす。だから整理整頓は人生の半分と言えるくらい大切なんだ、という意味だ。

このことわざに、僕も賛成だ。

試合に負けた次の日などは、何もしたくなくなって、部屋が散らかってしまうときがある。あの場面であぁすれば良かったという未練や悔しさが消えず、自分の心の中が散らかってしまっているからかもしれない。そんなときこそ、整理整頓を面倒くさがらなければ、同時に心の中も掃除されて、気分が晴れやかになる。

きれいになった部屋を見たら、誰だって心が落ち着くものです。心がモヤモヤしたときこそ、心の掃除も兼ねて整理整頓をしているという長谷部選手には、日々の習慣があるそうです。

・朝起きたら簡単にベッドメイキングする。
・本棚は乱れていたら整理する。
・ダイニングテーブルの上は物が散らかっていないようにする。

整理整頓ができると自己管理ができるようになり、頭の中が整理されます。その結果として、心の中の整理もできます。

そして整理整頓には思わぬ効果があります。それが、

「気づける人になれる」ことです。

心が乱れていると、部屋の乱れに気づくことができません。

心の乱れと部屋の乱れが同期して、乱れたもの同士で心地が良くなってしまいます。

逆に、気持ちが晴れ晴れしていると、部屋の乱れに気づくことができます。

これは、心の中の美しさと部屋の乱れのギャップが気になって、自然と乱れに目が向くようになるからです。

心の状態と部屋の状態にギャップがあると違和感が出るのです。

つまり、部屋の状態を常に整えておけば、心の状態はそれに合わせて整うのです。

常に心が整った状態であれば、日常のさまざまなことに気づけるようになるんです。

整った心とのズレを感じることで、正しい行動をとることができます。

長谷部選手の心は、ブンデスリーガでのプレーにも表れています。

ドイツ誌『kicker』日本語版が2020年4月8日に発表した2019／20シーズンのブンデスリーガにおけるフェアプレー選手ランキングで、長谷部選手は2位以下を大きく引き離してトップに君臨しています。

1位：長谷部誠（フランクフルト）

353分／1ファウル（合計4ファウル）

2位：ジャバイロ・ディルロスン（ヘルタ・ベルリン）

289分／1ファウル（合計4ファウル）
3位：フィリペ・コウチーニョ（バイエルン）
276分／1ファウル（合計5ファウル）

353分に1回のファウル（ハンドを含むファウル数）という計算で、ブンデスリーガ唯一の300分台を記録する長谷部選手は、サッカー界において重要視されている「何よりフェアプレー精神を……」という言葉の体現者です。

その行動の元となっているのは、「整理整頓」による心の整理です。

環境を変える〜人生を変えたかったら、引っ越しをしろ！

「変わりたい！」と思っていても、なかなか変われないのには理由があります。

一つは、変わりたいと思いながらも、本当は変わりたくないと思っているから。一見矛盾しているように思えますが、人間の脳の構造を見るとよくわかると思います。

人間の脳というのは、爬虫類脳・哺乳類脳・人間脳の三層構造になっていて、それぞれが異なった働きをしていると言われます。

爬虫類脳とは生命の維持に関わる機能をつかさどる部分であり、変化することを嫌います。身の危険を感じたときなどに体が反射的に反応するのは、生命を維持しようとするこの爬虫類脳の防衛本能によるものです。爬虫類脳は、生命維持の観点から私たちをもっとも深い層から動かします。

哺乳類脳とは、快・不快などを感じる機能をつかさどる部分であり、快・不快の観点から感情を通して私たちを動かします。

人間脳は、物事を論理的に考える機能をつかさどり、論理・思考によって私たちをコントロールします。

人が物事の判断を下すときには、まずは感情が反応します。そして理屈で後付けするため、いくら論理的に正しくても、本能や感情が拒否するものは受け入れられません。実際に、身に危険が迫ったときには、あれこれ考える前に体が反射的に反応します。頭で考えてから行動したのでは手遅れです。

私たちは、多くのことを論理的に頭で考えてから行動しているつもりになっていますが、実際には爬虫類脳や哺乳類脳に大きな影響を受けながら生きているのです。

「変わりたいとは思っているけれども、本当は変わりたくないと思っている」

これは、人間脳と爬虫類脳もしくは哺乳類脳との間の対立が起こっているということです。

人間脳は、良しあしや損得で物事を判断しようとします。けれども、哺乳類脳は、面倒くさいことは避けて楽なほうへ向かおうとし、爬虫類脳は危険を避けようとします。だから、変化を恐れて現状維持を望むんです。

人間脳が哺乳類脳や爬虫類脳をうまくコントロールして、この葛藤を乗り越えることが成功への第一歩です。

人間脳で哺乳類脳や爬虫類脳をうまくコントロールする鍵は「習慣」にあります。

人間は習慣の生き物です。好ましい習慣を獲得できれば、動物脳はそれを「快」と捉えてどんどんやらせようとします。そして、爬虫類脳もその習慣を止めることはありません。

変化には違和感が付きものです。その違和感を嫌がらずに喜んで受け入れることで、自分が望む変化を遂げることができます。

けれども、それでも変われないこともあります。その理由は、どんな習慣を身につけるべきかわからないということです。

つまり、どんな行動をとるべきかが明確でなければ変わることはできません。

例えば、「痩せたい！」と思っても、どんなダイエット方法をとれば良いのかがわからなければ痩せられません。

多くの人は、痩せたいと思って一生懸命運動をしますが……はっきり言います。運動をしても痩せません。

ダイエットトレーナーをしている僕の宇宙一のカミさんが、お客様に必ず言っていることがあります。

「太っているのは、食べ方が間違っているからです。ダイエットをしたいのであれば、見直すべきは食生活です。

食事が9割、運動が1割。これを知っておかないと、一生懸命運動しても1割分の効果しか出ないんです。努力を無駄にしないためにも、まずは食生活を見直しましょう」

何を努力すれば今の問題が解決するかがわかっていないと、無駄な努力をしてしまうことになります。健康になりたいのに、全然健康と関係ないことをやり続けてしまうかもしれません。

「人生を変えたい！」と思っている人に、オススメの方法があります。それは、住む場所を変える。

引っ越しをすると簡単に人生は変わります。

例えば、年収を今よりも上げたいと思ったら、引っ越しをすればいいんです。都心住まいなら、特にオススメなのが、タワーマンションに引っ越すことです。

タワーマンションって面白い仕組みになっていて、上の階は家賃が高くて下の階は安くなっています。最上階が月200万円だとしたら、一番下のほうは20万円ほどで借りられることがあります。

最上階に住む必要はありません。安い物件が空いたらすぐに引っ越しましょう。すると、月の家賃が200万円の人と同じ建物で生活することになるんです。

200万の家賃を払っている人はエレベーターの乗り方が違います。

順番をしっかりと守ることはもちろん、最初に入ったらエレベーターボタンの前に立ち、みんなが乗り終わるまで開けるボタンを押しています。先に降りる人がいるときには、一旦外に出たり、端によけて通行スペースをつくります。閉めるボタンを急いで押すことはありません。

エレベーターは、他人への気配りが顕著にわかる空間です。気配りができる人が集まると自然といい雰囲気になり、知らない人であっても、「こんにちは」「おやすみなさい」と自然とあいさつが増えていきます。

年収を上げたかったら引っ越しをしましょう。いつ、どこで、誰といても変わらぬ良い姿勢を貫ける人の行動を、毎日間近で見ることができるんです。

心が整い、物心共に豊かになった人のそばにいる環境を手に入れる方法は、ズバリ引っ越しです。

もしも、都会の慌しさにストレスを感じているならば、自然豊かなところに引っ越したほうがいいでしょう。人間は環境から影響を受けて生きています。住む場所が変われば、環境が変わります。

原則7 環境に感謝する

～ 環境を整えることで人生を創造する

自分にあった、そして自分の求める環境に身を置くことで、人生は簡単に変わります。

おわりに

人生の差は、実践力の差です。実践力とは、「決めたこと」と「やっていること」を一致させる力です。

実践力は能力とは違います。やると決めたことを、そのまま行えばいいんです。だから、原理原則どおりに行動することに、学歴や知識、経験は一切関係ないんです。

年齢も社会的地位も関係ないんです。

理屈がわからなくてもいいんです。

何も足さず、何も引かずにそのとおりに行えばいいんです。


実践力が高まれば、成功に近づきます。

実践力が高まれば、人生は変わっていきます。


はっきり言います。

ストレスを感じたり、心の痛みや息苦しさを感じるのは、自分で決めたことができていないからです。

自分で決めたことさえできていれば、周りからなんと言われようが幸せになれるんです。


今日もちゃんと起きられたぞ。

今日も笑顔で過ごせたぞ。

今日も小さな約束を守れたぞ。

自分が決めたことを達成しているときは、それだけで幸せなんです。
日常の一つひとつ、小さな実践の積み重ねが人生をつくり、幸せに繋がります。
原理原則に抗わず、何も足さず何も引かずに原理原則どおりに行動していきましょう。

最後までお読みくださって本当にありがとうございました。
いかがでしたでしょうか？

本書を手にとってくださったことで、人生を豊かにするヒントを得て、幸せになる人が１人でも増えることを願いながら、ペンを置きたいと思います。

最後になりましたが、今回の出版にあたりサポートをしていただいた株式会社青木屋の青木玲子さん、鴨ブックス編集長の木本健一さん、ライターの加藤くるみさん、金子智洋さん（磨夢）。

皆様の支えがあってこの本は誕生しました。本当にありがとうございました。心より御礼申し上げます。

鴨頭 嘉人

著 者
鴨頭 嘉人（かもがしら　よしひと）

高校卒業後、東京に引越し 19 歳で日本マクドナルド株式会社にアルバイトとして入社。4 年間アルバイトを経験した後、23 歳で正社員に、30 歳で店長に昇進。32 歳の時にはマクドナルド 3,300 店舗中、お客様満足度日本一・従業員満足度日本一・セールス伸び率日本一を獲得し最優秀店長として表彰される。その後も最優秀コンサルタント・米国プレジデントアワード・米国サークルオブエクセレンスと国内のみならず世界の全マクドナルド表彰を受けるなどの功績を残す。

2010 年に独立起業し株式会社ハッピーマイレージカンパニー設立（現：株式会社東京カモガシラランド）。

人材育成・マネジメント・リーダーシップ・顧客満足・セールス獲得・話し方についての講演・研修を行っている日本一熱い想いを伝える炎の講演家として活躍する傍ら、リーダー・経営者向け書籍を中心に 20 冊（海外 2 冊）の書籍を出版する作家としても活躍。さらには「良い情報を撒き散らす」社会変革のリーダーとして毎日発信している YouTube の総再生回数は 2 億回以上、チャンネル登録者数は延べ 100 万人を超す、日本一の YouTube 講演家として世界を変えている。

・公式 HP	https://kamogashira.com
・YouTube チャンネル	https://bit.ly/kamohappy
・Instagram	https://bit.ly/kamogram
・公式 LINE	https://bit.ly/kamobon
・Voicy	https://voicy.jp/channel/1545

サービス一覧

心を変えれば、世界が変わる

2021 年 10 月 29 日　初版発行

著 者　鴨頭 嘉人

発行者　鴨頭 嘉人

発行所　株式会社 鴨ブックス
〒 170-0013　東京都豊島区東池袋 3-2-4 共永ビル 7 階
電話：03-6912-8383　FAX：03-6745-9418
e-mail：info@kamogashira.com

デザイン　小山 悠太

印刷・製本　株式会社 光邦

ISBN978-4-910616-00-1